Amadou N'Golo Coulibaly

La citation selon la situation Tome VIII

Amadou N'Golo Coulibaly

La citation selon la situation Tome VIII

La citation selon la situation est une compilation de citations thématiques basées sur la réalité sociale

Éditions Vie

Imprint
Any brand names and product names mentioned in this book are subject to trademark, brand or patent protection and are trademarks or registered trademarks of their respective holders. The use of brand names, product names, common names, trade names, product descriptions etc. even without a particular marking in this work is in no way to be construed to mean that such names may be regarded as unrestricted in respect of trademark and brand protection legislation and could thus be used by anyone.

Cover image: www.ingimage.com

Publisher:
Éditions Vie
is a trademark of
Dodo Books Indian Ocean Ltd. and OmniScriptum S.R.L publishing group

120 High Road, East Finchley, London, N2 9ED, United Kingdom
Str. Armeneasca 28/1, office 1, Chisinau MD-2012, Republic of Moldova, Europe
Printed at: see last page
ISBN: 978-613-9-59471-9

AMADOU N'GOLO COULIBALY

SOCIOLOGUE

LIVRE DE CITATION GENERALE

A BASE THEMATIQIUE

"LA CULTURE AU SERVICE DE L'EXCELLENCE EXISTENTIELLE"

La citation selon la situation
Tome VIII

Avant-propos

Le présent ouvrage intitulé la situation selon la solution Tome VIII est un livre de citation générale à base thématique axé sur le fonctionnement de la vie sociale. Partant de réflexions nourries par l'auteur au gré des circonstances de la vie sociale il s'efforce à apporter sa contribution mentale à partir d'une analyse socio-philosophique de la réalité générale passant par la connaissance, la réussite, l'échec touchant à la vie et à la mort etc. L'auteur apporte sa contribution sur l'orientation idéologique ainsi que la réorientation des idées des humains dans le temps et l'espace derrière la quête de l'intérêt vital il ressort ainsi tout au long de la lecture de cet ouvrage que la connaissance et l'ignorance s'opposent pour déterminer la réussite ou l'échec de l'individu dans le temps et l'espace. L'accent est mis sur l'objectivité dans l'orientation de la pensée en vue de déboucher sur la réussite dans l'action à la différence de la sentimentalité dépourvue de toute objectivité de même que la grandeur de la connaissance comme le b-a-b-a de toute planification modèle de la vie. Le style de vie qui le représente est déterminé en fonction de la personnalité qu'il épouse et accepte d'adopter les différents traits de celle-ci : « D'où l'assertion là où s'arrête l'imagination d'un individu s'arrête sa personnalité ». L'importance de la culture intellectuelle éclairée est toujours recommandée en vue de rehausser le niveau de développement socio-économique politique et culturel de l'individu tout ce qui nous importe pour se retrouver dans la vie est de savoir faire une meilleure planification de notre esprit et cela ne demande autre que l'apport de la lucidité dans l'orientation de notre vie. Il ressort du constat intellectuel posé par l'auteur tout au long de la rédaction de l'ouvrage de l'adage que l'exercice quotidien de quête de la connaissance est la seule façon utile à accommoder la vie humaine par-là à garantir le salut humain par les remarques de la connaissance lesquelles il s'approprie pour promouvoir son épanouissement, l'opposition des idées est toujours présente dans la mesure où les humains ne partagent pas la même vision par conséquent nous ne voyons pas le monde pareillement nous nous opposons ainsi les uns aux autres, les facteurs notoires de la distinction du cadre de la vie sociale des humains partent du sceau de la différence telle que décrite par l'évidence.

CHAPITRE I

TITRE DE NIVEAU I

L'individu et l'imagination dans la société : La connaissance et l'ignorance, le bien et le mal, le travail et le chômage, la vie et la mort, la justice et l'injustice, la paix et la guerre l'honneur et le déshonneur, le bonheur et le malheur, l'amour et le désamour, le problème et la solution

TITRE DE NIVEAU II

L'individu et l'imagination dans la société : Le temps et l'espace, l'espoir et le désespoir, l'intelligence et l'inintelligence, la réussite et l'échec, la nature et la culture, l'avantage et le désavantage, la politique et la société, la paix et la guerre, la lecture et l'écriture.

TABLES DE MATIERES

CHAPITRE I

TITRE DE NIVEAU I

LA CONNAISSANCE ET L'IGNORANCE

« Toute la vérité sur la connaissance se résume à la connaissance de la vérité » (La connaissance se limite à la connaissance de la vérité). « Quand la vérité est connue tout est connu, idem quand la vérité est comprise tout est comprise en réalité la finalité appartient à la vérité par rapport à l'existence de la connaissance de la réalité » (la vérité dit tout sur la connaissance dans la vie). « Celui qui souhaite passer en tête ne se passe pas de sa tête pour agir » (Il nous est utile de toujours compter sur l'apport de la connaissance pour réussir nos rapports). « Connaissance est ce qui nous éclaire sur le sens à la frontière entre la nuisance et la souffrance » (La connaissance certaine nous éclaire sur le sens à la frontière entre le bien et le mal ce qui déduit qu'elle a la faculté de faire la part des choses). « Le savant d'avant c'est l'ignorant d'aujourd'hui entre la connaissance et l'ignorance c'est l'humain qui change de préférence sinon le sens reste intact dans sa référence » (L'intérêt de comprendre le possible changement du savant en ignorant vice-versa selon sa volonté préférentielle est utile pour situer l'imperfection humaine). « Pour qui s'instruire ne veut rien dire, réussir n'a rien d'important » (La réussite est insignifiante pour celui minimise l'instruction dans la mesure où la connaissance mène à l'abondance). « On ne peut que s'instruire sur mesure : au juste la connaissance c'est le sens » (Le sens détermine la connaissance l'orientation qu'on la donne). « Plus on est savant mieux l'on se comprend » (Le savant est celui qui se comprend bien). « Ce n'est pas mal de savoir si savoir nous fait voir le mal » (Il importe de bien savoir dans la mesure où le savoir a tout d'utile dans la vie d'un individu car lui permettant de s'éclairer). « Le plus souvent d'abord on a droit à connaitre intelligemment avant qu'on ait droit à se permettre » (L'intelligence opérationnelle s'appuie d'abord sur l'éclaircissement intellectuel de l'individu avant de dire quoi que ce soit d'autre). « Celui qui vit la connaissance en menace s'éloigne inexorablement de l'abondance dans l'existence : sans le savoir celui qui fuit le savoir fuit la victoire avec, alors en connaissance de cause quiconque souhaite son échec à soi ? » (Logiquement nous situons la réussite dans la connaissance ni plus ni moins). « A croire pour savoir tout comme à savoir pour croire dans les deux cas on a toujours raison l'important est qu'on raisonne pour croire avant de savoir de même qu'on raisonne pour croire après avoir su » (La place de la raison est inéluctable dans la vie humaine à le vouloir oui ou pas d'où la nécessité pour l'humain de ne pas s'en passer pour réussir ses quêtes). « Face à l'ignorance tout est menace chez la connaissance ainsi nous comprenons pourquoi ignorer ne fait pas connaitre vice-versa » (La règle d'or de la connaissance est de savoir que l'ignorance ne fait pas la connaissance même si la reconnaissance de son ignorance mène à la connaissance). « Sans connaissance est sans cohérence » (Celui qui n'a pas de connaissance n'est pas cohérent dans son existence). « Autant même savant on apprend, même connaisseur on s'éclaire » (Le savant ne connait pas assez pour ne pas apprendre). « Le sage n'est pas qu'âge, courage et apprentissage mieux il est l'éclairage car mal coordonné l'effort ne sert à rien » (L'intelligence dans le mariage des valeurs détermine l'individu sage).

LE BIEN ET LE MAL

« Dans la mesure où le mal ne nous empêche pas de faire du mal c'est parce qu'on est toujours empêché par le mal : on ne fait pas du mal au mal partant du mal plutôt on se fait du mal avec » (L'importance de comprendre que toute opération visant à renforcer le mal ne se fait pas au détriment du mal nous protège bien du mal). « Quand c'est mal c'est que c'est sale : en quoi l'illusion est-elle différente de la déraison au juste ? » (De valeurs égales le mal n'est nullement pas différents du mal). « Dans la mesure où la cohérence débouche sur l'abondance nous comprenons que le bon sens est l'essence de la suffisance par conséquent réussir n'est tout autre qu'une question de droiture dans sa dimension durable » (La réussite durable émane logiquement du bon sens comportemental). « Partout où le bien ne nous convient pas le gain ne nous convient pas avec » (Le gain durable accompagne la bonté comportementale). « N'étant que dignité et propreté alors la bonté n'a rien de honteux au juste » (La bonté suffit en tout et pour tout comme assise). « Quand on est bon à fond c'est qu'on est bon au juste, la bonté ne se cache pas dans la personnalité soit on l'a ou on ne l'a pas : certes on peut se tromper de bonté, cependant on ne peut pas tromper la bonté » (La vérité sur la bonté comportementale de l'individu est qu'on ne peut pas mentir sur la bonté). « Seulement on n'a rien à perdre quand on situe la perte comme rien : logiquement c'est éclairé sur la raison des causes qu'on peut faire la part des choses » (La connaissance se nécessite toujours pour renforcer le bon sens humain). « Quand le mal ne nous fait pas mal c'est qu'on se fait mal on n'a rien en suivant rien dans la mesure où rien n'a rien d'autre à nous proposer si ce n'est rien » (Le mal dans la mesure où il nous nuit ne peut nous proposer rien d'autre autrement si ce n'est rien). « Dans la mesure où nous n'ignorons pas que nous n'ignorions pas que nous faisions souffrir autrui n'ont pas pour lui rendre la vie facile nous retenons de ce fait qu'en nous faisant souffrir lui à son tour nous rend la vie difficile ainsi ni l'un ni l'autre n'a le droit d'infliger du tort à son prochain si à pare nuire le mal n'est pas fait pour jouir » (Il importe d'avoir une conscience éclairée pour épargner ses prochains de sa nuisance à soi, chose laquelle nous n'attendons pas d'eux). « Si la perte profite mal certainement qu'il est toujours perdu le mal qui n'a autre vocation que de faire du mal » (Hormis le sacrifice utile le mal pur nuire ne nous sert à rien). « Généralement quand on ignore ce que c'est que le mal nous faisons du mal, l'un des remparts incontestables du renforcement du bien dans la capacité humaine c'est l'éducation, l'approfondissement de la conscience intellectuelle humaine en vue d'élever le sceau de la connaissance à jamais au détriment de la flamme dévastatrice de l'ignorance » (La connaissance est un levier incontournable pour endiguer l'ignorance). « Hormis nous causer du tort le mal ne rend jamais fort, si le mal ne se distingue en rien du mal » (Le mal rien que par le mal ne garantit pas l'avenir judicieux pour l'individu). « Tout est mal chez celui qui n'a jamais commis de mal dans la mesure où nous sommes sujets à l'erreur » (Il est évident que l'individu sujet à l'erreur ne peut pas ne pas se tromper). « Nous comprenons pourquoi d'une part pour combattre le mal on peut avoir du mal à combattre malgré la volonté ferme qui nous anime pour le bien comme quoi on n'a rien sans peine : on n'a rien à partir de rien » (La réussite nous l'accédons seulement à partir d'un investissement éclairé). « Le bien est toujours réussi car précis rien ne lui manque ainsi il s'attaque au manque à part rien que perdons nous en faisant du bien ? » (Le bienfait nous sert éternellement). « Contrairement au mal le bien ne fait pas mal à celui qui ne se fait pas mal, quand la vérité nous menace c'est qu'on se menace soi-même » (Nous nous menaçons partant de l'adversité avec le bien car loin de nous nuire il nous rassure). « Tout n'existe pas en bien pareillement pour le mal » (L'existence en tout et partout détermine que tout n'existe pas en bien tout comme en mal). « L'état du bienheureux traduit le contrat du bien » (Nous ne sommes pas bienfaiteurs pour vivre malheureux car le bien soulage l'acteur qui le soutien peu importe son degré d'aisance matérielle économique et financière). « Sans ambages le bienheureux est bien éclairé » (Le bonheur est un combat perpétuel contre l'erreur si nous le voulons durable). « Là où le bien fait peur la manière n'est pas clair, aucune solution ne va à l'encontre de la précision si sincèrement le cheminement est logique » (Le bien ne fait pas peur à celui qui se veut clair d'une part). « Au lieu de craindre le bien soyons bien dans la crainte ainsi la distance nous sourira en suffisance » (La meilleure manière de tirer profit du bien c'est de cheminer exclusivement sur la piste de la logique constructive avant de faire ou de défaire quoi que ce soit). « Le grand bonheur émane de la bonne valeur » (La valeur a toujours son mot à dire concernant la conception matérielle et immatérielle du bonheur chez l'humain). « Partout où l'on se fait honneur l'on jouit du bonheur » (Nous jouissons du bonheur là où nous nous faisons honneur, l'honneur étant la marque incontestée de la grandeur en toute logique sous cet angle tout honneur accompli s'accompagne d'un bonheur acquis). « Le bonheur n'a autre manière si ce n'est celle de la lumière » (La manière de la lumière est celle du bonheur). « Sans valeur est toujours derrière par conséquent s'éloigne du bonheur » (Nous nous éloignons du bonheur partout où nous cultivons en nous des valeurs improductives pour notre réussite). « Tout sur le bonheur est qu'il nous serve en tout et pour tout en réalité ce qui s'oppose à la perte en réalité ne s'oppose pas avec perte » (Les choses qui s'opposent à la perte en réalité ne s'opposent pas avec perte). « Pour vivre le bonheur il faut y mettre du cœur mais tout sauf n'importe comment » (L'engagement renforce le bonheur dans son cheminement dans la vie humaine). « Il n'y a pas de retardement dans l'engagement qui conduit à l'avancement et cela est le cas du bon sens garant de la suffisance dans l'existence ; le bonheur c'est la manière qui s'opère contre l'erreur et non ne s'opère avec » (Le bonheur durable est toujours en guerre contre la marque de l'erreur). « S'il est bon de faire la guerre ce n'est nullement pas à l'encontre de ce qui est bon » (Pour qu'il nous conforte le bonheur s'opère éternellement à l'encontre et non pas avec l'erreur comme manière). « Sans erreur le bonheur profite comme manière » (Nous profitons de la manière du bonheur sans erreur aucune).

LE TRAVAIL ET LE CHOMAGE

« Dans la vie on a le choix entre se condamner pour travailler et ne pas travailler pour se condamner dans le premier cas si l'on se condamne pour se libérer notons bien que dans la deuxième figure nous nous condamnons pour nous enchainer » (Pour l'humain conscient le travail est gage d'indépendance). « Seulement le travail assure l'indépendance si nous soignons notre effort contre le non-sens sachons bien orienter nos efforts ainsi le travail nous sera utile à jamais » (La qualité du travail fait la grandeur du travailleur plus elle est certaine mieux le travailleur se conforte). « Plus qu'un frein le travail est un bien contre le chômage permettant de nous défaire le blocage de l'oisiveté dans la dépendance généralement on ne nous cherche pas parce qu'on se cherche » (Dans la mesure où le chômeur est moins sollicité voire marginalisé dans la vie sociale c'est parce qu'il lui manque ce que le travail est censé apporter à sa vie). « Le plus souvent on n'est pas chômeur à jamais si on n'accepte pas le chômage comme vocation » (Le refus du chômage couplé à notre engagement à travailler nous aide à sortir de la dépendance dans la mesure du possible). « Ce n'est forcément pas à l'absence du cœur qu'on est chômeur car même meilleur on peut se retrouver chômeur selon le contexte » (Le chômage n'exclut souvent pas la compétence peu importe la durée qu'on passe la dedans). « Le chômeur qui ne sent pas la gêne du chômage vivra peut-être oisif à jamais » (Il importe de voir au chômage un fardeau pour mieux chercher du travail). « Mieux vaut chercher du travail plutôt que de se chercher du travail quand nous pesons au mieux le désastre qu'occasionne le chômage au lieu de fuir le travail nous le poursuivons pour s'épanouir selon la norme judicieuse de répartition de l'effort physique et intellectuel humain qu'importe le sacrifice nous souffrons pour vivre digne » (Le chômage est une leçon pour tout travailleur éclairé). « Plus on est clair mieux on est travailleur au juste le bon sens est un soutien efficace à l'essor ouvrier de l'humain dans la mesure où l'évident étant gagnant le véridique aussi » (Il convient pour l'humain de s'attacher à l'assise de la vérité pour réussir dans la vie). « Si on ne nous donne pas du travail on doit s'atteler à en chercher, également le manque d'ingéniosité est un élément renforçant le chômage de masse dans la société ainsi s'épauler les uns les autres à prospérer les initiatives de création professionnelles nouvelles innovantes nous permet d'endiguer en partie le fléau du chômage de masse » (Le chômage de masse est un fléau difficile à combattre sans la conjugaison harmonieuse et intelligente des efforts afin de faire face aux défis de la vie). « Celui qui n'a pas le temps de travailler ne sait pas que faire de son temps car il s'enchaine au juste » (Nous nous enchainons dans le temps en n'ayant pas le temps de travailler). « Dans la vie si travailler est une chose réussir en est une autre certes il est utile de travailler cependant ne travaillons pas contre l'utile outre le cœur le travail c'est la lumière pour que la sueur ne nous conduise pas droit dans la misère » (L'effort profitable en terme de travail est celui qui assagit, bien éclairé). « Celui qui ne se trompe pas de travail le verra sûrement le combler d'un travail raisonnable nous attendons un résultat fructueux » (Mieux le travail est raisonnable plus l'effort nous conforte). « S'il n'y a pas qu'un seul travail il n'y aurait pas qu'un seul travailleur si le travail est différent du travail c'est parce que le travailleur n'est également pas l'égal du travailleur n'empêche qu'il y a la complémentarité interprofessionnelle dans la société de par leurs natures certains travaux sont plus ardus comparés à d'autres » (Le travail peut être beaucoup plus physique ou intellectuel que le travail ; la différence est une réalité dans le milieu professionnel). « Le travailleur se veut rêveur pour la réussite du travail chaque travailleur qui souhaite faire du progrès dans sa démarche ouvrière ne doit nullement pas s'opposer aux rêves qui nourrissent sagement l'accomplissement de son essor ouvrier » (Travailleur ne fuyons pas l'ambition assise de la réalisation judicieuse de notre rêve ouvrier). « Le travailleur doit s'accomplir à s'éloigner au mieux du malheur plutôt que de s'évertuer à le renforcer dans la vie, si nous ne travaillons pas pour ne pas profiter il est certain qu'on s'assure de la réunion des ingrédients utiles à la réussite de notre travail » (La réussite du travail s'accomplit dans l'adoption de bonnes stratégies professionnelles mieux nous sommes éclairés sur notre secteur professionnel juste il nous rapporte). « L'erreur ne fait pas le travailleur qui souhaite s'opposer à la misère » (Quand nous voulons un travail profitable nous nous opposons certainement à l'erreur dans la manière). « Le travailleur averti se veut réfléchi dans sa démarche pour qu'il nous rassure le travail doit-être éclairé » (Bien éclairé le travail rend l'indépendance). « Tout travail réussi est le produit d'un effort réfléchi » (L'effort réfléchi mène au travail accompli). « On n'a pas tort de travailler là où le travail nous protège du tort » (Dans la logique où le travail favorise l'intégration sociale on n'a pas tort de travailler).

LA VIE ET LA MORT

« La vie n'est pas qu'illusion malgré que la mort soit sa destination : ce n'est pas parce qu'on n'est plus qu'on n'a pas été » (La mort ne nie pas la vie vice- versa).

« La mort n'est autre que le commencement d'une nouvelle vie qui survient à la fin de l'ancienne qu'on a vécu » (La mort s'exprime dans la vie à travers le commencement d'une nouvelle forme de vie pour le défunt). « La mort ne se solutionne pas ne se conditionne ni ne se soupçonne mais plutôt fonctionne la vie » (La mort fonctionne la vie étant incontournable dans son processus). « Peu importe la cause, pareillement à la vie la mort n'est pas sans cause » (La mort tout comme la vie nous viennent d'une cause). « A défaut de faire face à la mort on peut certes mourir sans entacher sa face et cela en s'abstenant de la farce au mieux gage de force » (Connaissant logiquement que la mort est inévitable pour bien la garantir il faut bien s'investir). « La mort est l'accomplissement de la vie et non un empêchement pour le vivant » (La mort traduit un accomplissement de la vie dans le temps et l'espace). « La mort n'est pas une question d'argument non plus de compliment plutôt elle est un accompagnement du processus de la vie » (La mort accompagne la vie en son terme). « S'il n'est pas l'auteur de sa vie erreur est pour le vivant de ne pas s'attendre à la mort » (La mort nous attend qu'on s'attende ou pas à la mort). « Si la mort ne nous oublie pas n'oublions pas qu'on doive mourir » (Il est utile pour le vivant de ne pas ignorer son caractère mortel). « Certes on peut tenir à la vie cependant on ne peut pas se faire retenir par la vie car une fois la mort venue nous irons » (Le fait pour l'individu de tenir coûte que coûte à la vie ne fait pas de lui un immortel). « Peut importer le degré d'attachement qu'on a pour la vie un jour nous serons détacher par la mort, la mort arrivera à bout de la vie du vivant une fois le temps imparti arrivé » (Arrivé au bout de notre vie nous connaitrons sûrement la mort). « On ne fuit pas la mort plutôt on fuie vers la mort dans la mesure où chaque jour vécu est un pas de plus vers la mort : le destin c'est comme on ne le fuit pas pour l'échapper » (La mort nous trouvera qu'on le sache ou pas donc inutile est de penser pouvoir la fuir). « La vérité sur la mort est que la mort est une vérité » (La mort est une vérité c'est toute la vérité sur la mort). « Profitons de chaque instant de la vie comme si c'était la dernière car un jour viendra on n'en aura plus s'il est réel que la vie a un terme avant de connaitre cette fin le vivant doit s'atteler à bien réaliser ses fins avant que n'arrive la fin de son temps ; à défaut de rendre la mort incontournable on peut la rendre mémorable et cela en marquant bien sa vie » (La bonne manière pour l'individu de rendre sa vie éternelle est de la penser logiquement). « La mort n'inflige point de retard à la vie c'est la limite de la vie ainsi logiquement quand arrive la mort finit la vie la mort n'est pas une excuse face à l'échec de la vie » (La mort n'est pas une excuse face à l'échec de la vie).

(Il est assez utile pour le vivant de réussir sa vie avant que la mort ne lui arrive). « Qu'on n'arrive pas dans sa vie n'empêche pas que la mort nous arrive à son terme : ni l'échec non plus la réussite de l'humain ne constituent une preuve solide face à la mort » (L'échec ou la réussite ne nous protège pas de la mort). « Même fort la mort est notre sort » (On n'a autre sort que de mourir une fois notre temps arrivé). « N'importe qu'on ignore le moment de sa mort elle se fera certainement en un moment » (La mort se fera en un temps qu'on l'ignore ou pas). « La crainte de la mort ne doit pas nous empêcher de vaincre le tort car nullement nous ne gagnons le confort de la vie à l'absence de l'effort de l'avis certain » (L'effort de l'avis certain humain est un canal idéal pour combattre l'échec de la vie humaine). « La mort n'a point d'assurance pour celui qui la rencontre dans l'inconscience » (La conscience est l'ultime assurance que recommande la mort certaine). « Ne pensons pas la mort en limite sinon nous serons limités dans la vie » (La vie nous limitera partout où nous jugerons mal la mort, après avoir fait ce qu'on a à faire c'est tout pour s'assurer dans la vie). « Nulle n'a la chance face à la mort » (Nous n'avons pas la chance face à la mort). « Il faut s'attendre à la mort à tous les temps dans la mesure où la mort ne dépassera pas son temps, à défaut de savoir quand viendra-t-elle s'agissant de la mort l'intelligence est de l'attendre à tout moment où la vie aura atteint son terme » (Au terme de la vie la mort se fera qu'on le veuille ou pas). « Quand on a la vie à sa portée n'ignorons pas qu'on est à la portée de la mort » (L'individu qui savoure pleinement la vie ne doit pas ignorer la mort). « Sachant bien que la mort nous guette n'ignorons pas que faire de sa vie car elle est autant précieuse qu'on s'amuse avec faute de quoi on s'enlise en fait ce qui traduit le fait que tout épanouissement glorieux de la vie recommande une exploitation judicieuse du temps de la part de l'humain en vue de vivre certain » (La vie certaine demande la capacité lucide du vivant à bien exploiter son temps pour ne pas le regretter amèrement). « La vie est une réalité la mort en est une autre de la vie à la mort pareillement vue la différence le constat est nécessaire à faire en vue de comprendre la différence pour savoir mieux préparer l'une et l'autre étape irréversible pour l'humain » (L'humain éclairé doit savoir bien préparer la vie et la mort en vue de réussir son existence et cela partant de l'élargissement de sa connaissance sur ces réalités différentes). « Compte tenu de la vie et sa limite le vivant doit s'arranger à relever au mieux les défis qui sont siens avant que ne lui arrive la mort n'importe qu'on ignore le temps qui nous est destiné à vivre nous devons savoir s'instruire au mieux en vue de construire certainement sa vie » (Le vivant doit œuvrer à mieux construire sa vie avant que ne lui arrive la mort). « La mort est un temps pareillement à la vie dans le temps ainsi la mort et la vie s'alterneront à jamais tant que le temps ne sera sous le monopole de personne » (Une fois soumis à l'exigence du temps nous connaitrons la mort).

LA JUSTICE ET L'INJUSTICE

« Le jour où l'indépendance de la justice triomphera sur la dépendance de l'injustice l'humanité connaitra la paix » (Les humains imparfaits donnent moins de valeurs dans la pratiques de la justice qu'ils n'en donnent à sa théorie). « Quand c'est juste certainement que ça profite à la réussite celui qui souhaite réussir doit s'enrichir justement » (Nous réussissons sur la base de la justice). « Partant de la justice nous obtenons plus, ce qui nous réussit bien se justifie également bien » (La bonne justification détermine la réussite dans la manière). « Celui qui ne connait pas la justice n'est pas juste dans sa connaissance : toute la vérité sur la justice se passe sur la base de la justice » (Partant de la base de la justice nous faisons la lumière sur la nature des valeurs). « L'essentiel n'est pas de se vouloir juste mais se faire juste oui » (Il importe de se faire juste dans le comportement plutôt que de se vouloir juste pour que la justice s'affirme en nous). « Quand c'est juste c'est clé : la justice est la clé de la réussite » (La clé de la stabilité ne se passe pas du sceau de la justesse existentielle). « C'est exclusivement en étant juste qu'on détienne la solution par contre en faisant autrement on s'éloigne de l'essentiel en tout et pour tout l'individu qui se fait juste réussit plus qu'il n'échoue car la justesse étant la valeur régulatrice de la solution » (La solution appartient à jamais à la décence comportementale). « On ne combat pas la justice quand on est juste dans son combat !» (L'individu éclairé dans son combat ne s'oppose pas à ce qui est juste de sens). « Dans la vie même si tout n'est pas juste, la justice est tout car elle est l'assise sans laquelle nous ne faisons pas la part des choses » (La part des choses nous la faisons partant de la justice exclusivement). « L'injuste n'a pas intérêt à ce qu'on sache la vérité à son sujet dans la mesure où il cache sa nature n'oubliant pas que celui qui a quelque chose à cacher à quelque chose à fâcher » (La volonté qui nous anime à ne pas afficher notre vraie nature passe toujours par l'injustice comportementale). « L'injuste s'insulte » (D'une part celui qui persévère dans l'injustice se rabaisse fortement dans ses faits). « Nous ne comprenons pas l'injustice en étant injuste dans les faits dans la mesure où seuls justes nous faisons la part des choses nettement celui qui s'amuse avec la justice s'amuse avec la réussite avec » (Tenir à la réussite n'a autre exigence que d'accepter la justice dans l'orientation). « On n'invente pas la justice cependant on est juste dans son invention » (La justice ne nous appartient pas mais nous nous conformons avec). « Ce n'est pas une manière habile de s'opposer à la manière de la justice dans la logique où seule suffit la manière précise » (La manière précise est la seule qui nous réussit dans le temps et l'espace). « Même juge on n'est forcément pas juste » (Nous ne sommes pas toujours justes dans la mesure où nous nous retrouvons sujet à l'erreur). « Pour combattre l'injustice il faut ne pas l'ignorer au préalable » (On ne peut pas combattre l'injustice en l'ignorant dans la mesure où il faut mieux s'éclairer d'abord en vue de réussir ensuite). « Quand la justice nous trompe certainement que nous ignorions ce que c'est que l'erreur » (L'erreur n'émane pas de la justesse en réalité plutôt elle nous éclaire quand nous l'apprécions en sa juste valeur). « Malgré qu'il soit difficile de l'être la justesse est ce qu'il faut pour vivre comme il faut ainsi se baser sur la justesse est l'assise la meilleure pour l'individu qui souhaite vaincre les lacunes » (La justesse est un rempart pour la réussite sociale de l'individu). « Une fois malin dans sa donne on n'abandonne pas la justesse gage de toutes les richesses » (Ce qui s'abandonne n'est pas ce qui est juste si la justice nous dit quelque chose). « Nous gagnons de l'honneur partout où l'on accepte d'être clair » (La clarté nous permet de raffermir notre dignité personnelle). « Plus c'est juste mieux ca profite » (La culture de la justice nous permet de faire face à l'essentiel). « On n'est pas juste pour la justice mais plutôt que cela nous profite, l'humain ne se fait pas clair pour profiter de la clarté cependant il se sacrifie pour son bonheur à soi » (Nous nous faisons justes pour notre bonheur et non pas pour renforcer la justesse qui sait pleinement se défendre elle-même). « On n'est seulement pas juste que de parole mieux de rôle, pour réussir à vivre juste combinons la théorie et la pratique en cela nous vivrons en juste exemple » (Nous réussissons dans notre marge dans la mesure où nous combinons la parole et l'acte afin de vivre en juste modèle). « Tout est juste pour celui qui se trompe de justice dans la logique où tout n'est pas juste autant tout n'est pas injuste la faculté de faire la part des choses détermine en elle notre aptitude à dissocier la justice de l'injustice ni plus ni moins » (L'intelligence active opérationnelle seule nous permet de faire face à l'enjeu de l'injustice en la dissociant de la justice). « Rien ne va sans justice ce qui conclut dans ce cas que seule la justice est tout par conséquent elle compte pleinement pour que le compte y soit » (Justement compris le rôle de la justice est primordiale dans le processus de la détermination de la vérité existentielle). « On ne change pas la justice cependant on change en juste pour que nous profitions de la mutation en progression » (L'individu doit opérer ses changements en fonction de la justice et non pas chercher à faire la chose contraire pour qu'il réussisse en tout son changement). « Une fois malin on ne s'oppose pas à la justice par contre on s'oppose avec justice » (Intelligemment nous nous distinguons avec justesse par contre nous ne nous opposons pas à la justesse). « Toute la vérité sur la justice est qu'il n'y a pas de vérité sans justice vice-versa » (La justice et la vérité se soutiennent mutuellement). « Tout ce qui s'oppose à la justice ne s'oppose pas avec justice » (Une fois injuste dans son combat on s'oppose à la justice). « Plus c'est juste plus c'est riche au mieux la justesse détermine la richesse dans le sens » (Partant de la marque de la justesse nous retrouvons la richesse dans le fait). « Tout le problème de la justice est que la justice s'oppose à tous les problèmes : de bon cœur soyez juste dans la marge ainsi vous transcenderez les difficultés avec lucidité » (La raison juridique nous permet de faire face aux problèmes de la vie). « Ce que détruise la justice n'était pas bien construit à l'instar de la vérité ce que combat la justice est ce qui est bon à combattre » (Le gage de la justice et de la vérité nous permet de faire face à l'immaturité ce qui fait que la justice ne détruit rien de certain). « Ne voyons pas de frein dans la justice autant qu'on ne la confonde pas avec l'injustice car certain logiquement qu'elle équilibre les choses de la vie ; de la justice à l'injustice une chose est réelle c'est la différence ! » (La justice est source d'équilibre de l'existence sociale ainsi tout amalgame avec l'injustice est nul et non avenu). « La question de la justice s'éclaire sur la justice dans la question le cheminement qui nous éclaire sur la justice ne nous trompe pas la concernant » (Partout où nous nous éclairons sur la justice nous cheminons selon la logique). « A jamais on est éclairé que par la justice » (L'individu s'éclaire exclusivement sur la base de la justice). « Une fois juste on lutte » (Impossible de préserver sa dignité sans qu'on ne lutte au préalable). « Celui qui tient à la facilité ne fuie pas la lucidité » (Nous ne fuyons pas la lucidité en ayant la volonté de faciliter les choses dans la vie). « Logiquement pour soi la justice est digne comme choix » (La justice est un choix digne pour tout humain qui souhaite s'honorer). « C'est juste d'être élite » (Une fois élite on est juste pour exceller il faut profondément maitriser la méthodologie pour gagner l'expertise). « Partout où recule la justice, recule la réussite avec » (Quand nous ne valorisons pas la justice nous tombons dans le gouffre de l'injustice). « Seule la justice profite plus pour celui qui la voit clair, clairement pensée la justice renforce l'autorité de la personnalité : en tout et pour tout il n'y a meilleure manière de profiter que d'être juste dans sa personnalité » (La justesse dans la personnalité profite à la stabilité de l'humain). « La convenance par excellence est librement celle de l'évidence autant le bon sens est le sens par excellence dans la mesure où il n'y a pas de réussite sans stabilité juridique choisissons le bon sens pour renforcer son existence » (Nous renforçons notre existence dans la mesure où nous nous faisons juste dans la demeure). « Plus c'est juste mieux ca résiste » (La justesse résiste au mieux).

LA GUERRE ET LA PAIX

« Celui qui n'abandonne pas la paix raisonne bien sa guerre s'il n'y a pas de paix sans guerre vice-versa : dans la mesure où on ne peut ne pas faire la guerre on doit faire sa guerre » (Le fait pour l'individu de faire sa guerre et non pas se faire la guerre c'est la meilleure manière de promouvoir la paix). « Si la paix a un prix ce n'est nul autre qu'on soit clair » (La clarté dans la manière est gage de stabilité sociale). « Partout ou promeut la justice prospère la stabilité » (La stabilité nous la promouvons partant de la marque de la stabilité dans la vie). « Pour connaitre nous déclarons la guerre à l'ignorance et non pas avec ignorance » (L'humain convaincant déclare la guerre à l'ignorance et non ne combat pas avec). « De toutes les guerres la guerre à l'encontre de l'erreur est la meilleure pour que la guerre nous profite orientons là justement contre ce qui ne nous profite pas en cela elle nous est toute utile ! » (La guerre intelligente est celle puissante). « La meilleure manière de se vouloir la paix c'est la vouloir pour autrui en étant juste autant envers soi qu'envers les autres » (Notre justice à l'endroit de tous nous permet de garantir l'effort de la paix). « Tout simplement ce qui compte pour qu'il ait la paix c'est être juste de devise » (La justesse dans la devise nous permet de pacifier la vie). « Rien de ce qui se fait pour la paix n'est fait contre la paix » (La paix se renforce par la paix tout acte contraire est bien contradictoire). « Celui qui accepte de faire la paix accepte de se faire la guerre autant il n'y a pas de solution sans soumission à la précision autant il n'y a pas de paix sans motivation chez l'humain à combattre ses caractères extrêmes sources de tensions internes et externes à faire violence sur soi-même de façon justifiée» (La paix nécessite l'adoption d'une conduite sacrificielle utile à son essor). « La paix de façade c'est la paix des visages ; la paix de la profondeur c'est la paix du cœur » (La paix durable n'est pas de façade se décide fortement intérieurement). « La paix du visage généralement cache la rage qui sévit dans le cœur par contre la paix du cœur exprime le charme qui sourit en l'humanité » (La paix du cœur est différente largement de celle du visage car c'est la paix durable). « Raisonnable la paix est durable » (La paix durable émane de la raison existentielle). « Toute la vérité sur la paix est qu'elle ne s'oppose nullement pas à la vérité » (Point de vérité point de paix). « La paix est un fait même si tout ne se fait pas pour la paix, l'acte est symbolique pour réaliser le but recherché : concret est le symbolique de toute paix logique » (Nous devons être concret dans la manière pour réussir une paix durable). « La où la paix ne stabilise pas la guerre ne déstabilise pas, la paix mal pensée n'a d'égale que la guerre ! » (Mal pensée la paix détruit au lieu de construire). « Aussi longtemps qu'on placera sa vérité au-devant de la vérité nous continuerons à alimenter les foyers de tensions à nuire à la volonté de la paix » (La paix se fait avec la vérité plutôt qu'avec notre vérité si nous ne raisonnons pas). « Toute la vérité sur la guerre est que toutes les guerres ne s'opposent pas à la vérité ; autant certaines guerres ne sont pas à encourager également d'autres ne sont pas à décourager » (La différence est bien réelle entre une guerre utile et celle inutile). « Aussi longtemps que le mal s'opposera au bien et que l'une et l'autre valeur ne manqueront pas de partisans certainement que la guerre se fera car les individus s'opposeront justement ou injustement en fonction des intérêts qu'ils cherchent dans le temps et l'espace » (L'opposition des individus dans le temps et l'espace se traduit par la philosophie qui les animent ainsi que l'intérêt qu'ils cherchent). « La paix n'est pas sans intérêt car c'est elle qu'il faut pour préserver les intérêts au mieux » (Le rôle de la paix est primordial pour la préservation de l'intérêt vital à large échelle). « Quand la guerre ne nous dit rien certainement que la paix ne nous intéresse pas » (La paix est une considération réelle de la guerre autant nous faisons la guerre pour la paix également nous faisons la guerre contre la guerre). « C'est convaincu qu'on réussisse sa guerre mais pas n'importe comment dans le raisonnement certain comme chemin » (La réussite de la guerre recommande qu'on ait la foi de réussir d'une part). « Pour vaincre il est impérieux d'avoir à la fois la foi en sa guerre et la foi contre la guerre : acteurs convaincus nous défendons une philosophie tout en combattant une autre sans quoi l'engagement n'a pas de sens » (La dimension de la guerre recommande que nous combattions pour une cause en même temps que contre une autre). « Dans la vie tous les jours sont faits pour combattre raison pour laquelle nous ne manquons pas de défis à relever certes de degré différents mais l'absence totale de challenge ne fait pas l'existence, il faut savoir mener le combat approprié dans le milieu et dans l'espace où nous nous trouvons » (L'humain doit bien s'engager pour relever les défis de la vie avec ingéniosité n'ignorant pas quel combat mener selon les circonstances évolutives de l'existence). « Si la vie n'est pas un combat alors qu'on m'explique ce que c'est qu'une vie de même pourquoi engageons-nous pour autant dans la vie ? » (La vie n'est pas sans combat la vouloir autrement c'est se tromper la concernant). « Il n'y a pas d'honneur sans guerre » (Pour s'honorer il faut combattre). « Nous ne combattons pas à perte tant que nous combattions la perte » (Le combat contre la perte mène certainement à la paix). « Les grandes guerres font les grands Hommes » (L'issue de grandes guerres se démarquent les grands Hommes faisant leurs preuves). « Il ne faut pas être en reste de l'essentiel partout où l'on souhaite réussir sa vie ; ainsi faire sa guerre et non se faire la guerre est une dynamique utile pour réussir » (La réussite d'une vie recommande l'intelligence humaine à faire face à nos soucis au mieux). « Faire sa guerre c'est parfaire sa vie » (L'humain parfait sa vie en faisant sa guerre dans le temps et l'espace). « Pour que la guerre nous réussisse en terme de bénéfice l'injustice se combat et non ne nous aide à combattre si réellement le but de la guerre est de profiter de son investissement celui qui combat à tort et à travers s'attaque à ses propres intérêts : n'oublions pas logiquement qu'en combattant la vérité nous combattons notre personnalité avec » (Nous combattons notre personnalité en déclarant la guerre à la vérité). « La guerre d'hier c'est la paix d'aujourd'hui » (La guerre révolue équivaut à la paix retrouvée d'une part). « La paix d'hier c'est la guerre d'aujourd'hui toujours convaincu de la réalité de l'alternance des valeurs dans la vie la paix et la guerre se succèdent dans notre existence » (La succession est bien réelle entre la paix et la guerre dans la vie en fonction de nos centres d'intérêts évolutifs dans le temps et l'espace). « La paix est l'école de la vie » (La paix est l'école de la vie dans la vie nous apprenons à mieux savourer les valeurs de la paix). « Plus on est logique mieux on est sage librement on est pacifique il est rare que la paix soit à la portée de l'humain » (La paix est l'expression de la grandeur intellectuelle humaine). « La connaissance est un frein à la déchéance ; il n'y a pas de paix sans connaissance » (Il convient d'appuyer notre volonté de paix sur la connaissance). « Celui qui néglige la paix néglige sa vie avec car on n'a rien à perdre en faisant la paix par contre on a tout à perdre en s'opposant à la paix » (La paix est à entretenir pour l'épanouissement de la vie humaine). « La paix c'est la maitrise sans maitrise il n'y a pas de paix, pas n'importe laquelle la paix est sur mesure de la droiture » (La paix émane de la mesure de la droiture pour celui qui la détermine précisément dans la vie). « Celui qui se maitrise dans sa vie profite de sa guerre car loin de se faire la guerre il se fait la guerre » (L'humain fait sa guerre plutôt que ne se fasse la guerre lorsqu'il s'assume logiquement dans la vie). « La grandeur d'une vie est fonction de la lutte qu'elle mène dit moi ce pour quoi vous êtes prêts à combattre je dirai qui vous êtes » (La guerre que nous menions détermine la personnalité qui est notre dans la vie le plus souvent). « Ce qui ne s'abandonne pas pour combattre c'est ce sans quoi on ne réussit pas le combat et cela n'est autre que la précision dans l'instruction sur la réalité d'une guerre ; une guerre bien comprise n'est-elle pas à moitié gagné ? » (La guerre bien comprise nous mène sur le chemin certain de la réussite). « Celui qui ne réussit pas sa guerre la déclare à l'encontre de la réussite, mal pensée la guerre appauvrie : soit juste dans le combat, ne combat pas la justice sinon tu t'en sortiras bredouille ! » (La déclaration d'une guerre à l'encontre de la réussite ne nous permet pas de la gagner).

L'HONNEUR ET LE DESHONNEUR

« Sans repère n'a point d'honneur dans la mesure où nul ne s'honore tant qu'il s'ignore » (L'ignorance nous éloigne de tout honneur éclairé). « Il ne suffit pas que du cœur pour vivre dans l'honneur mais mieux il nous faut la lumière comme manière » (L'honneur salutaire est la mayonnaise de l'effort et du bon sens combiné). « Quand la candeur ne nous fait pas honneur c'est qu'on ne se fait pas honneur en tout et pour tout l'honneur est dans la candeur » (Pour profiter pleinement de l'honneur il faut le vouloir durable par conséquent raisonnable). « Moins l'honneur nous intéresse plus l'erreur nous agresse » (L'erreur nous assaille partout où l'honneur nous désintéresse). « Intéressez-vous à la vérité ainsi vous profiterez pleinement de votre intérêt » (La bonne manière de profiter de son intérêt est de le concevoir dans le savoir). « La manière est le reflet de l'honneur, l'honneur est la manière du reflet : de l'honneur à la manière tout comme de la manière à l'honneur la personnalité dégage sa particularité » (Notre particularité nous la devons d'une part à partir de l'honneur). « Sans honneur est sans valeur certaine » (La valeur certaine est l'émanation de l'l'honneur concret). « Une société stable est celle dans laquelle les individus concourent sous la coupole de l'honneur et non pas contre son contrôle, impossible d'atteindre la stabilité sociale sans passer par le renforcement intelligent de l'aptitude humaine » (La clé de la stabilité sociale concorde avec l'accroissement de l'honneur comportemental sur l'ensemble des faits et gestes des humains que nous sommes). « C'est parce qu'on est humain qu'on n'est pas toujours certain raison pour laquelle l'honneur est notre objectif lorsqu'on se veut positif » (Le renforcement continuel de l'honneur en soi doit-être la mission permanente à laquelle s'assigne une âme éclairée). « Quoi de plus pour faire honneur à part l'honneur l'éternel remplaçant de l'honneur pour faire honneur c'est l'honneur ni plus ni moins certes on peut se tromper sur l'honneur tout comme on peut tromper par rapport à l'honneur cependant imperturbable à la lumière de la vérité l'honneur reste la même »

(L'humain ne peut pas tromper l'honneur par ses stratagèmes par contre il peut se tromper le concernant tout comme il peut vouloir tromper à son sujet). « C'est parce que l'honneur n'est pas rien raison pour laquelle même déshonoré nous ne voulons pas le reconnaitre » (On fuit le déshonneur parce qu'il n'est pas rentable comparé à l'honneur sans ignorer que la voie de l'honneur est un chemin difficilement atteignable). « On ne s'oppose pas à l'honneur quand on s'honore dans son opposition » (Partout où l'on s'honore dans son opposition on ne s'oppose pas à l'honneur). « Ce qui se fait pour l'honneur ne se fait pas contre l'honneur » (L'honneur ne se renforce pas par le déshonneur). « On ne se fait pas honneur tant qu'on ne se fait pas réfractaire face aux avances du déshonneur il n'y a qu'une seule façon de vivre l'honneur s'opposer au déshonneur ainsi le soigner dans toutes ses conduites afin de s'assurer la réussite certaine » (La réussite certaine ne s'obtient pas à partir du déshonneur). « Ne nourrissez pas la peur de l'honneur plutôt nourrissez l'honneur dans vos peurs ainsi vos craintes vous seront utiles » (Nourrissant la crainte du déshonneur dans nos rêves nous cheminons vers la réussite de l'honneur). « Celui qui se fait honneur dans la peur nourrit la peur du déshonneur » (La peur du déshonneur fait honneur à la personnalité). « Il est du ressort de la personnalité de bien lutter pour se libérer une fois libre on est juste honoré ; l'honneur ne se gagne autrement qu'en déclarant la guerre contre le déshonneur ni plus ni moins » (La guerre contre le déshonneur mène à l'honneur dans la vie). « L'honneur ne se force pas je comprends pourquoi la farce ne nous honore pas » (L'honneur ne se force pas plutôt il s'adopte à travers la soumission de l'individu honorable au principe de la raison certaine). « S'il n'y a pas de bon jour pour vivre déshonoré c'est qu'il n'y a pas de mauvais jour pour vivre honoré ainsi dans la vie la guerre contre le déshonneur pour l'ascension de l'honneur doit-être une lutte continuelle à jamais en vue de perpétuer la réussite humaine » (La réussite sociale de l'humain implique une implication honorable à jamais de sa part). « Quand le mal nous réussit c'est que la réussite nous déshonore » (La réussite qui s'appuie sur le mal soutient le déshonneur de la personnalité). « Sans honneur est sans repère ; lucide dans le repère l'honneur nous oriente dans la vie ; il n'y a pas d'honneur sans la lumière de ce fait la volonté manifeste de la personnalité à œuvrer à la réussite à l'élargissement de sa capacité intellectuelle forge au mieux le degré d'honneur qu'il vive » (Mieux l'on s'instruit plus l'on s'honore). « Sans erreur aucune, lacune le déshonneur n'a point de fortune » (Le déshonneur n'a point de fortune sans erreur d'appréciation la concernant). « Il n'y a pas de fortune dans le déshonneur pour celui qui sait dissocier le bien du mal). « Point d'horreur sans déshonneur » (Le déshonneur fait l'horreur). « Certes on se ment sur l'honneur cependant on ne ment pas à l'honneur raison pour laquelle se prétendre honorable à défaut d'être responsable n'est nullement pas rentable pour l'humain » (La lucidité est le socle sur lequel s'appuie l'honneur durable). « L'honneur est justement ce qu'on pense si ce qu'on pense s'oppose au déshonneur » (L'honneur s'oppose au déshonneur c'est tout). « Tout pour s'éclairer c'est également tout pour s'honorer » (L'honneur durable s'appuie sur la vérité). « Mieux l'on s'éclaire plus l'on s'honore dans la mesure où l'honneur certain ne s'oppose nullement pas à un cheminement certain de l'organisation de la vie humaine » (La vie certaine renforce l'existence dans le cadre de l'honneur). « Point d'honneur sans labeur » (Le labeur n'est pas sans honneur aucun dans la vie). « Celui qui s'attache à l'honneur se détache de l'erreur, seule la lumière renforce l'honneur dans la manière » (Nous renforçons l'honneur dans notre façon de faire partant de la logique du bon sens). « Celui qui a l'honneur à cœur s'accomplit selon la manière du labeur » (Le labeur accompagne l'honneur existentiel). « L'honneur permet justement de gagner de la hauteur » (Partant de l'honneur nous nous rassurons certainement). « Ce qui ne profite pas à l'honneur ne nous profite pas comme manière » (L'honneur profite logiquement comme manière à celui qui le situe logiquement).

LE BONHEUR ET LE MALHEUR

« En tout et pour tout l'horreur ne fait nullement le bonheur » (Le bonheur ne s'acquière pas dans l'erreur pour celui qui le veut durable). « Si la bonté nuit à la méchanceté c'est parce qu'elle s'opère à son encontre : nullement que l'esprit du sacrifice ne nous empêche de s'investir pour une cause qui se veut juste gage de notre réussite » (La bonté est une cause qui veut notre réussite ainsi il faut bien s'investir pour la réussir malgré les défis qui entourent sa réalisation en soi tout comme choix). « Bon l'on s'adonne mieux l'on coordonne » (La bonté permet de coordonner la vie de l'individu). « Il faut plus de lumière pour arriver à plus de bonheur » (Le bonheur certain s'acquière dans la multiplication de l'effort de l'humain à rendre sa vie stable). « Bon ou mauvais on ne peut nullement pas s'empêcher de ne pas refléter l'une de ses valeurs en terme de repère quand nous agissons » (La bonté ou la méchanceté s'exprime dans le comportement de l'humain dès lors qu'il s'affirme). « La bonté sait sur quoi compter raison pour laquelle elle n'est pas ratée comme compte ! » (Le compte de la bonté est bien réussi dans le temps et l'espace). « On est bon que contre les défauts » (La bonté se fait contre le défaut et non pas avec). « En soi la bonté est une voie qui se forge à jamais pour parfaire les erreurs de l'humain imparfait » (La bonté recommande un renforcement continuel de l'effort éclairé de la part de l'individu en vue de peaufiner sa voie). « Tout d'abord on est bien pour son bien nous comprenons pourquoi on ne se contente pas de n'importe quoi pour faire du bien plutôt nous le faisons à l'encontre du mal : faire semblant d'être bon et l'être cela fait deux on est bon de caractère et non exclusivement pas de parole limitée » (La parole limitée ne fait pas notre bonheur plutôt le rôle combine à la parole oui). « Celui qui déclare la guerre à l'erreur la déclare à la misère avec tout en s'ouvrant la porte du bonheur » (Mieux l'on combat le malheur bien nous promouvons le bonheur). « Quand le malheur ne nous fait pas peur c'est qu'on n'est pas prêt à vivre le bonheur » (Plus nous craignons le malheur mieux nous opérons pour le bonheur). « Le grand malheur n'est pas de connaitre le malheur ; pire l'admettre sans rien faire pour le changer en bonheur » (Admettre le malheur sans rien faire pour changer sa situation dans la mesure du possible nous affaiblit davantage dans l'abime). « Ignorer le malheur ne nous échappe pas au malheur de l'ignorance » (L'ignorance du malheur ne fait nullement pas qu'on échappe au malheur de l'ignorance). « Bonheur est le chemin qui mène à l'accomplissement du bonheur » (Le chemin qui culmine à l'accomplissement du bonheur est juste celui qui renforce le bonheur dans la vie). « Le bonheur ne nous trompe pas pourvu qu'on ne se trompe pas de bonheur, le cheminement logique qui nous garantit le bonheur nous recommande la lumière dans la manière » (La lumière dans la manière demande de rester derrière la recommandation logique du bon sens). « Ce qu'il faut faire pour qu'il y ait du bonheur est ce qu'il faut pour qu'il n'y ait pas du malheur cela implique qu'une fois en agissant à défaut de soutenir le mal nous soutenons le bien ni plus ni moins au juste le mal et le bien ne se nourrissent pas de la même façon » (La différence est réelle pour promouvoir le bonheur dans l'existence il faut savoir le différencier du malheur). « Tout ce qui soutient l'honneur conforte le bonheur pour celui qui se retrouve bien au fait l'honneur raisonnable mène au bonheur durable » (L'honneur est l'essence du bonheur). « Le bonheur n'abandonne pas celui qui ne s'abandonne pas, bien pensé le bonheur assure l'assurance plutôt que ne se dresse à son encontre, toute l'assurance est dans la lumière comme manière » (La lumière comme manière détermine l'assurance dans la vie). « Seul le salut fait le bonheur car se dressant contre l'erreur il favorise l'exploit dans la manière toujours venant d'un juste calcul nous proposons la juste solution en vue de s'épanouir dans la vie » (Nous nous épanouissons dans la vie en tenant à la justice). « A jamais il importe de se dresser contre le malheur en s'accrochant contre l'erreur et non pas avec tout ce qui n'occasionne pas notre déperdition cautionne notre bonheur : multipliez en vous les actes porteurs de lumières ainsi vous décuplerez le bonheur en vous pour vous et pour tous » (Le bonheur nous l'atteignons en n'ignorant pas comment l'atteindre dans le temps et l'espace toujours s'évertuant à poser les actes cohérent qui rentrent dans le cadre de son fonctionnement). « La clé du bonheur c'est la grandeur dans la manière celui qui prépare bien son bonheur s'adonne bien à la raison » (La raison dans la manière renforce notre bonheur dans la vie). « La vie n'est pas que bonheur même si le bonheur fait partie de la vie nous nous efforçons de multiplier notre commodité dans la vie n'ignorant pas que nous alternions entre jouissance et souffrance dans l'existence sans que cela ne soit une excuse à toute absence de volonté d'amélioration de la condition de vie humaine » (Nous n'avons pas tout le bonheur dans la vie pour nous cependant nous avons le bonheur quelque part). « Le malheur n'exclut pas l'honneur dans la mesure où nous nous sacrifions, peinons pour le bonheur que le malheur précède le bonheur ne veut nullement pas infirmer la grandeur du bonheur en question juste cela traduit une étape normale à passer pour pouvoir jouir » (La souffrance accompagne la jouissance sans que cela n'influe négativement pas sur la vie humaine). « Dans la vie on est acteur de son bonheur » (Nous sommes acteurs de notre bonheur qu'on le sache ou pas). « La souffrance qui s'oppose à l'erreur n'est pas fait pour maintenir en arrière » (La souffrance utile est la monture du bonheur sincère). « Nullement fauteur on ne s'assure le bonheur » (Dans l'esprit fautif nous nous éloignons du bonheur). « Pour atteindre le bonheur sachons quelle barrière dépassée tout en se surpassant logiquement » (Le bonheur se cache derrière la barrière de l'épreuve face à laquelle il faut apporter la preuve requise). « Ni le malheur ni le bonheur n'empêchent la mort de se faire on a beau vivre bienheureux ou malheureux un jour nous goûterons la mort » (La mort n'épargne ni bienheureux ni malheureux). « Quand arrive la mort arrive la fin avec, au terme de la vie commence la vie de la mort » (Entre la mort et la vie nous assistons à la fin d'une vie et au commencement d'une autre). « Une mort certaine se détache généralement d'une vie incertaine mieux l'on s'accomplit dans la vie mieux l'on affronte la mort avec l'assistance de Dieu » (La vie épanouie est un levier pour une mort satisfaisante).

L'AMOUR ET LE DESAMOUR

« Quand l'amour n'est pas partagé, aimer rend malheureux » (Non réciproque l'amour rend malheureux d'une part). « L'amour qui a d'autre condition que l'amour n'est autre qu'un détour » (Bien sincère l'amour a exclusivement l'amour comme condition logique). « Autre que précision est manquement dans la conviction de l'amour » (Certaine la conviction de l'amour doit-être raisonnable). « L'amour comme il le faut s'oppose savamment au grand défaut nous n'attendons rien d'une passion qui ne se base sur quelque chose pour que l'amour nous soit utile il doit s'opposer à l'inutile » (L'amour utile n'a rien d'inutile). « Plus on est amoureux mieux on est engagé on s'adonne à la cause qu'on aime » (L'humain s'engage fortement pour la cause qui lui tient à cœur). « Aimons le temps ainsi nous ne manquerons pas le temps d'aimer de même que d'être aimé au mieux car évident dans le temps nous n'aimerons pas n'importe comment » (La raison dans l'amour détermine la grandeur de l'amoureux). « L'amour de la connaissance mène à la connaissance certaine de l'amour » (L'amour bien pensé n'est pas rien du tout). « Pour qui l'amour n'est rien eh bien d'une part rien ne s'opère judicieusement sans amour aucun » (L'attachement à l'amour détermine la réalisation de nos projets d'une part). « Partout où est la vit demeure l'amour dans la mesure où il suit la vie et cela à jamais » (L'amour suit la vie humaine à jamais). « On se bat pour ce qu'on aime si l'amour est sincère c'est qu'il nous appelle à faire la guerre sans doute on est prêt à faire la guerre pour ce qu'on porte dans le cœur » (Nous nous battons pour ce que nous aimions). « L'amour de la juste mesure est l'ouverture des fermetures il y' a certes une issue glorieuse à l'amour qu'on porte pour la raison car le bienfait est toujours avantageux » (L'amour de la juste mesure permet d'ouvrir au mieux les fermetures de la vie partant de l'aspect rationnel qu'il épouse). « Celui qui se questionne sur l'amour se prépare à solutionner le désamour car l'amour bien compris nous permet de faire face au désamour, c'est parce qu'on ne peut pas tout aimer à la fois et puis s'aimer dans sa foi voilà pourquoi derrière tout amour se cache un désamour pareillement derrière tout désamour se cache un amour quelconque » (L'amour et le désamour s'opposent mutuellement). « Ce qu'il faut pour aimer est le même qu'il faut pour détester entre le bien et le mal d'une part nous déterminons sans ambages notre préférence » (De manière décomplexée l'individu éclairé doit savoir déterminer sa préférence entre le bien et le mal). « L'amour de la connaissance est sans complaisance la forme d'amour à entretenir pour réussir dans la logique où la connaissance est bon sens et suffisance » (La connaissance fait la suffisance dans l'existence). « On n'a rien sans amour ce qui atteste que l'amour n'est pas rien » (L'amour n'est pas rien raison pour laquelle nous gagnons par son canal). « Aimer ҫ'est aussi pardonnez plus l'attachement est grand mieux le don se fait ainsi on refuse peu à ce qu'on aime ce qui déduit pleinement le fait que face à ce qu'on aime on n'est plus soi-même » (L'amour implique le pardon mais aussi et surtout le don de soi pour la cause qu'on aime). « On est mieux aidé qu'en étant aimé parmi les siens on peut compter sur le bien plus spécialement » (L'importance de l'amour est présente dans la qualité de l'aide apportée à l'humain ainsi l'individu aimé peut compter sur une aide confortable de son milieu). « Quand on ne s'empêche pas d'aimer ce qui ne nous aime pas c'est qu'on aimera pour s'empêcher certainement » (On aime pour s'empêcher partout où nous aimons ce qui ne nous profite pas de ce fait l'amour cause du désagrément). « Celui qui ne nous empêche pas de penser ne nous empêche pas d'aimer ou de détester » (Aimer ou détester tout n'est qu'une question de liberté réflexive). « L'essor de l'amour est fonction de l'effort de l'amoureux » (L'effort de l'amoureux détermine l'essor de l'amour). « L'amour ne trompe pas celui qui ne se trompe pas pour aimer le chagrin accusé dans l'amour n'est pas du ressort de l'amour plutôt de l'amoureux dans la mesure où l'amour ne se fait pas seul d'une part » (La qualité chagrine de l'amour est du ressort de l'amoureux sous un angle et non pas de l'amour). « Quand on aime n'importe qui on nous détestera n'importe comment » (Soyez attentifs dans l'amour sinon vous vous en tirerez avec des ennuis énormes). « N'aimez rien sans raison de même ne détestez rien sans raison certainement ni l'amour ni le désamour ne vous déplaira avec la touche de la raison » (La raison est le choix essentiel à faire pour différencier ce qui est à aimer de ce qui ne l'est pas). « N'abandonnez rien sans raisonner aimez certainement dans la juste mesure dans ce cas le désamour n'aura pas raison de vous tant que vous auriez raison dans l'amour » (Le désamour n'a pas raison de celui qui a juste raison dans l'amour). « La solution n'est autre que la passion pour la précision » (La passion pour la précision est gage de solution). « Pour vivre aisés vivons aimés » (Au mieux le partage réciproque du courant d'amour dans les relations sociales a son mot à dire sur l'épanouissement de la vie humaine). « L'amour est vital, la vie est amour » (Le rôle de l'amour est conséquent dans la vie). « Celui qui ne déteste pas sans raison ne déteste pas la raison la meilleure manière de détester est de détester la manière de l'illusion convaincu que seul l'illusion entrave la progression » (N'ignorant pas que seule l'illusion entrave l'aboutissement cohérent de la vie humaine l'erreur est à détester pour réussir). « Ce n'est pas parce qu'on n'a pas aimé qu'on ne peut pas détester également ce n'est pas parce qu'on déteste qu'on ne va pas aimer de l'amour au désamour tout comme du jour à la nuit vice-versa tout peut changer d'un moment à l'autre » (Souvent d'une relation amoureuse nous basculons à celle de désamour vice-versa). « Dans la mesure où la vérité n'est pas rien l'amour pareillement parce qu'il est vrai il existe à l'instar du désamour le rythme dans la résonnance de l'amour et du désamour le mieux pour l'individu est de savoir bien s'éclairer pour faire la part des choses » (L'éclaircissement humain est un gage de succès dans le sens où cela nous permet de savoir ce qu'il faut aimer et détester). « L'amour n'est jamais inutile là où l'inutile n'est pas aimé » (Bien éclairé l'amour ne manque pas d'utilité). « Plus qu'un jeu l'amour est un enjeu pour celui qui le vit sans détour le sérieux dans l'amour demande que l'intéressé soit hyper engagé en vue de bien s'assurer » (L'engagement certain dans l'amour démontre sa dimension problématique laquelle doit-être dûment résolue en vue d'assurer son épanouissement en soi). « De la souffrance tout comme de la jouissance l'amour peut faire pleurer » (L'émotion passionnelle est capable de nous faire pleurer en souffrance tout comme en jouissance). « L'amour n'a autre loi que d'aimer et se faire aimer d'une part quand nous le voulons stable » (Stable l'amour se renforce dans l'équilibre passionnel réciproque des amoureux). « Dans l'amour on se fait des amis tout comme des ennemis tout simplement parce qu'on n'a pas aimé la même chose pareillement qu'on n'a pas détesté la même cause : aussi longtemps que la différence sera une réalité l'amour et le désamour le seront également » (L'amour et le désamour accompagnent la réalité de la vie partant de l'expression contradictoire des intérêts que nous humains suivions). « Celui qui ne nous veut pas du mal ne nous aime pas en ennemi » (Nos vrais amis nous aiment positivement, l'amour sans détour se règle ainsi). « Amoureux des enjeux vivement on s'engage, celui qui tient à l'exploit doit accepter de s'engager face aux dangers de toutes les sortes en vue de se surprendre sagement » (L'exploit passionnel demande à l'humain de bien s'engager pour prospérer). « L'absence totale d'amour dénote consécutivement l'absence totale de secours » (L'amour est fonction de secours mutuel une fois bien structuré dès lors qu'on n'est pas aimé on n'est pas aidé). « L'amour n'exclut pas le sérieux seulement si nous prenons l'amour au sérieux » (Celui qui prend l'amour au sérieux le considère pareillement). « Certes on n'est pas aimé de tous cependant on est aimé quand même » (On est aimé par certains sans qu'on ne compte sur l'amour de tous). « Qu'on le croit ou pas nous le vivons il s'agit sûrement de l'amour tel indispensable à la vie l'amour est ce secours indispensable à chaque existence humaine » (L'amour faisant partie de la vie humaine se montre indispensable à notre existence de long en large). « Si l'amour est sincère inutile de dire à l'amoureux qu'il faut s'attacher dans la mesure du possible » (L'amoureux s'attache à l'amour dans la mesure du possible). « Aimez de son possible aimez sans détour est l'expression du don de soi : quand l'on tombe amoureux de la bonne personne vivement que nous vivions le bon amour » (La qualité de la personnalité fait celle de l'amour). « Ce qui renforce l'amour c'est l'amour ni plus ni moins quand l'amour soutient l'amour d'une part c'est le succès assuré dans la sphère passionnelle » (La sphère passionnelle se renforce dans l'équilibre passionnel).

LE PROBLEME ET LA SOLUTION

« La solution est fonction de dévotion point de dévotion point de solution : outre que précision est manquement dans la solution » (La solution est dans la dévotion qui concorde avec la précision). « Point de solution sans convocation au juste derrière chaque solution se trouve la volonté ferme du rappel à la précision de la part de l'individu » (La précision seule fait la solution dans la vie). « Celui qui s'oppose à la précision s'oppose à la solution avec » (La solution et la précision s'accompagnent mutuellement). « Clé est la solution qui ne s'oppose pas à la compréhension de la vérité » (La compréhension de la vérité émane de l'importance de la raison). « Si elle suffit comme atout c'est parce qu'elle n'est pas partout parlant de la solution » (La solution n'est pas partout raison pour laquelle elle suffit largement comme atout). « L'atout de la solution est qu'elle est tout » (La solution suffit en tout même si tout n'est pas que de la solution). « Les bonnes occasions font les bonnes solutions même s'il ne faut seulement pas espérer sur les occasions pour prospérer les solutions » (L'occasion détermine la solution même si nous œuvrons d'une part pour en créer de notre propre source). « La solution est en cause partout où la solution manque de cause car elle n'est pas bien sensée » (La solution insensée manque de cause par conséquent ne renforce pas le penseur). « La solution de rien est celle sur laquelle compte le vaut rien » (La solution sur laquelle compte le vaut rien est nulle). « Seulement si l'on pouvait se contenter de rien comme solution on pouvait tout solutionner en se contentant de ne rien faire » (La solution recommande l'exécution effective de l'individu selon la raison). « La solution est forcément un combat contre le problème » (La solution appelle à s'opposer au problème avec engagement). « Mieux vaut se déranger pour solutionner que de solutionner pour se déranger tout arrangement réussi est l'émanation d'un dérangement compris ainsi bien réfléchi pour la réussite » (La solution réussit à travers l'engagement réfléchi de l'individu engagé pour la solution à la renforcer davantage par sa clarté d'esprit). « La solution est dans le changement partout où le problème est dans la continuité » (La solution est dans le changement partout où le problème est dans la continuité). « Le compte fait la solution ainsi la solution est bien comptée, quand le compte est bon c'est qu'il n'est pas sans solution » (La solution fait le bon compte vice-versa). « Celui qui ne se trompe pas de solution ne compte pas ce qui lui trompe comme solution » (La solution n'est pas dans l'ambiguïté précisément dans la vérité elle loge). « Quand vient la solution vient la progression avec » (La solution accompagne l'avancée de la condition humaine). « On change de solution partout où la solution ne nous permet pas de changer : autant on ne change pas une solution qui gagne on ne change pas une équipe qui gagne » (La solution est à sauvegarder là où elle importe le mieux). « Partout où l'on solutionne à tort on ne solutionne pas le tort : au juste l'erreur ne résout rien en bien l'erreur étant l'erreur au contraire elle nous enfonce dans l'abime » (L'erreur n'est pas un moyen requis pour solutionner l'erreur à la différence de la lumière représentant la connaissance). « L'homme des solutions se passionne pour les problèmes n'ont pas parce qu'ils l'hallucinent par contre parce qu'il les solutionne car sans problème il importe de se demander à quoi sert une solution ? » (Le problème ne se fuit pas pour atteindre la solution dans le temps et l'espace).

« L'effort du tort est justement celui qui se fournit pour le tort et non pas contre le tort, aucunement le tort ne s'oppose au tort ainsi compter sur le tort n'est nullement pas un moyen certain de solutionner le tort » (Le fait de compter sur le tort ne nous aide pas à le solutionner). « La solution n'a autre façon si ce n'est celle de la raison pour laquelle sans précision il n'y a pas de solution » (La solution conforte dans la précision dans le temps et l'espace). « Ce qu'il faut pour solutionner est tout sauf ce qui est faux pour espérer » (La solution s'oppose à la fausseté dans la manière). « Partout où échoue la solution s'élève le problème là où le problème s'enracine la solution se déracine » (La défaite de la solution coïncide avec l'élévation du problème). « Si la solution accompagne la progression c'est que le savoir occasionne la victoire et cela dans l'enchainement logique de la connaissance avec l'importance de l'existence humaine : éclairez-vous ainsi vous réussirez à transcender les problèmes » (La possibilité pour l'individu d'arriver à surmonter les problèmes revient pour lui d'arriver à dépasser les problèmes de loin par le sceau de la connaissance). « La solution de l'ignorance est celle qui se conçoit à l'encontre de la connaissance » (L'ignorance n'a autre solution que de s'opposer). « L'heure de la solution est la lumière sur la préoccupation » (La lumière sur la préoccupation coïncide avec l'heure de la lumière sur la réalité). « Celui qui ne se préoccupe pas pour rien ne se préoccupe pas de la solution plutôt se préoccupe pour la solution » (La malice dans le souci demande de ne se soucier autrement que pour le bon sens et non pas à son encontre). « Ce qui nous vient de la précision convient à nos préoccupations au juste seule la précision suffit comme solution » (La précision seule suffit comme solution dans la vie). « La solution ne nous ment pas là où l'on ne se ment pas la concernant, certes on peut se tromper de solution cependant on ne peut pas tromper la solution ni la solution ne nous trompe pas » (Bien éclairé la concernant la solution ne nous trompe pas parce qu'étant raisonnable). « Dans la mesure où l'illusion est vaine et incertaine nous n'ignorons pas la raison pour laquelle elle ne suffit pas comme solution, pour solutionner il faut raisonner ni plus ni moins » (La solution recommande la raison dans la démarche). « La solution de tous les dangers est logiquement celle qui ne s'oppose à aucun danger » (Incertaine est la solution qui se veut vaine car émanant de l'illusion plutôt que de la connaissance).

« La réussite de la solution ne s'oppose nullement pas à la solution de la réussite raison pour laquelle seule la raison suffit comme solution n'entravant nullement pas la progression » (La démarche de la solution est la seule qui renforce la réussite durable ainsi la réussite durable mène à la solution). « Partout où l'on sera à court de solution on subira le dictat du problème » (Le problème s'impose à celui qui est à court de solution). « Contre la vérité tout comme contre la solution rien ne vaut la vérité » (La vérité seule suffit comme argument contre le problème). « On invente la solution partout où l'on raisonne pour s'inventer » (Rien n'est raté chez la solution qui émane de la précision). « La solution n'est pas que vision non plus de la décision exclusivement mais mieux elle découle de la précision dans l'illustration » (La précision dans l'illustration détermine la solution). « Ce qui compte comme solution quand on ne se trompe pas de solution est logiquement ce qui comble comme position la cohérence est dans l'agencement de la solution dans l'existence humaine » (L'existence humaine conforte la solution dans notre démarche dans la mesure où seul compte la raison comme assise de la solution de long en large).

CHAPITRE II

TITRE DE NIVEAU II

LE TEMPS ET L'ESPACE

« Dans la logique où rien ne se décide dans le temps à l'absence du temps évidemment que le temps est puissance dans l'existence » (Dans le temps et par le temps la vie s'exécute). « Comment pourrons nous avoir le temps quand on s'arrange pour s'en priver ? On ne se donne nullement pas le temps en abandonnant le temps » (Abandonner le temps n'est pas une manière maline de s'en accorder). « Tout ce qu'on accorde du temps ne nous conforte pas dans le temps ; prenons garde de bien réfléchir avant de s'investir pour mieux réussir » (Le temps demande l'instruction de l'individu pour pouvoir en faire un bon usage). « Quand on n'a pas tout le temps dans le temps on doit donc savoir profiter de son temps à temps : vivre franc c'est la meilleure manière de profiter de son temps dans la vie » (Nous profitons de notre temps dans la vie en vivant franc). « Si on n'a qu'une seule vie certainement qu'on n'est pas là pour tout le temps ainsi la durée de notre temps est déterminée dans le temps peu importe qu'on le sache ou pas le mieux pour nous est de s'éclairer et de vivre sérieux pour s'en sortir victorieux » (La victoire dans le temps vient du savoir dans le comportement ainsi que l'adoption de la connaissance certaine). « Celui qui cherche du travail dans le temps se cherche souvent du travail dans le temps car au lieu de le créer se contente de le chercher ce qui n'est toujours pas une solution convenable » (L'intelligence opérationnelle dans le travail est recommandé dans le temps pour promouvoir notre réussite sociale). « Réussir à temps ce n'est pas réussir contre le temps » (Le temps étant évident notre réussite dans le temps exclut toute réussite contre le temps). « On n'a jamais tort d'être à temps car la ponctualité est gage de positivité » (L'individu qui s'évertue à cultiver la ponctualité se stabilise dans la vie). « Le salut est dans le temps pour celui qui accepte d'être précis » (Nous vivons le salut partout où nous raisonnons dans le temps). « On n'aura pas le temps de changer partout où l'on ne s'accordera pas le temps de s'engager, le changement ne se passe pas de notre volonté pour pouvoir l'opérer » (Le changement nous l'opérons à partir de notre volonté d'engagement). « On ne peut pas compter sur le temps sans pour autant avoir le temps de compter toutefois s'il nous conforte dans le sens de la productivité » (L'analyse certaine de l'impact du temps est requise en vue de promouvoir notre bénéfice le concernant). « Plus de bénéfice c'est plus de sacrifice dans le temps car rien n'est plus concordant dans le temps à part l'engagement de l'acteur à tenir à la lumière dans la manière » (Nous tenons à la lumière dans la vie dans la mesure où le temps nous sourit en bénéfice seulement en bien le pensant). « Celui qui connait bien le temps promet bien dans la vie » (La connaissance du temps nous permet de promettre l'assurance de notre existence de façon certaine). « Le temps n'ignore rien sur le temps ainsi il est incertain de s'honorer dans l'ignorance du temps ; mieux s'instruire dans le temps pour s'épanouir à temps c'est l'assise idéale de tout épanouissement social » (L'instruction certaine est recommandée pour promouvoir le développement social de l'individu). « Le temps est intéressant, dans la mesure où rien n'est important dans le temps à l'absence du temps, la lecture du temps est logiquement une couverture pour la vie » (Mieux lire pour mieux s'assurer c'est la vie d'un individu intelligent). « Le temps c'est la confiance combinée à la croyance pour déterminer la réalité de la personnalité dans le temps : peu importe positive ou négative qu'elle soit la voie que nous empruntions dans le temps la réalité est qu'on ne vive pas sans confiance ni croyance possiblement évolutive » (La dimension possiblement évolutive de l'esprit humain par rapport à la sélection d'une valeur repère idéologique est logiquement constatable). « Le temps conforte gagnant celui qui s'éloigne du tort comme sorte, plus on s'éloigne du tort dans le temps mieux on élève son rang dans l'existence » (L'intelligence créative est toujours utile à la réussite de l'humain dans le temps). « Faites bon usage de vos temps ainsi n'ayez pas de temps contre la bonté plutôt occupez vos temps par la bonté une fois la volonté éclairée vous ne le regretterez pas négativement » (Nous tirons profit de notre temps partout où nous savons raisonner dans la vie). « La vie n'est qu'une question de temps ; dans la vie à la fois nous sommes questionnés par les périodes évolutives du temps de même nous nous questionnons sur les périodes évolutives de l'existence à cela je comprends l'exemple de l'humain face à l'enjeu d'où la nécessité de se questionner en vue d'apporter la solution requise » (La vie est faite d'une succession de défi et de questionnement à l'endroit de l'humain qui doit se proposer la tâche exaltante de pouvoir résoudre les problèmes qu'il rencontre sur sa voie). « On est dépassé dans l'espace même si on se dépasse dans l'espace : dans la vie si tout se passe comme nous le voulons c'est que nous ignorons ce que nous voulons en même temps qui nous sommes » (Dans la vie tout ne se passe pas comme nous le voulons en tant qu'humain limité, Dieu seul sait nous accorder cette faveur).

L'ESPOIR ET LE DESESPOIR

« Le désespoir se nourrit ou se détruit par rapport au rapport qu'entretient l'humain avec la réalité dans la vie ; une fois qu'on agisse à défaut de renforcer notre capital espoir nous le détruisons en renforçant notre désespoir » (L'espoir en moins c'est le désespoir en plus). « L'espoir se crée pour qu'il nous recrée : au mieux la création doit précéder la récréation pour qu'elle nous serve ainsi ce qui nous rappelle au travail nous conforte l'espoir au juste » (L'espoir nous le cultivons avec le sacrifice utile à sa réalisation dans la vie). « Tout ce qui fait espérer n'est forcément pas avantageux dans la mesure où espérer n'est exclusivement pas un truc d'éclairer ; partout où l'égaré espère c'est pour à la fin désespérer » (L'individu égaré n'espère pas bien, ainsi son espoir se retourne toujours contre lui-même). « A moins qu'on ne soit éclairé en avance sinon nullement rêver ne fait espérer ; c'est parce que l'espoir n'est pas rien raison pour laquelle espérer pour rien ne fait pas de bien » (Le salut dans l'espoir le veut précis). « Tant qu'on a le savoir on peut nourrir plus d'espoir pour plus d'avoir car la victoire nous est permise sur une voie éclairée » (L'importance de la connaissance est utile pour renforcer la capacité productive humaine dans le temps et l'espace). « Il ne faut seulement pas croire pour espérer mieux savoir nous fait prospérer sinon l'espoir pour rien est nettement celui qui se démarque de tout bien : à le vouloir on peut espérer, voire opérer par contre quand le savoir nous manque nous n'atteindrons jamais la victoire certaine nous concluons par-là que seule importe la connaissance pour nous ouvrir la porte du développement durable » (La connaissance seule nous renforce pour nous ouvrir la voie du développement durable). « Si l'ignorance n'empêche pas l'espoir c'est parce qu'on espère pour s'empêcher une fois mu dans le bain de l'ignorance : quand le mal fait réussir c'est après pour sévir » (L'ignorance n'est pas une assise fiable sur laquelle doit tenir le sceau de l'espérance). « L'espérance n'exclut pas la prudence » (La prudence est l'assise de l'espérance certaine). « Nous appelons plutôt combattre l'espoir qu'avoir l'espoir pour combattre que d'espérer contre ce qu'il y a d'éclairé au mieux nous ne combattons pas le savoir et puis s'attendre à la victoire plutôt nous combattons avec » (L'intelligence mentale est requise en vue de s'épargner un espoir convenable de la part de l'humain). « C'est humain d'être travailleur pour ne pas figurer en arrière tout en n'ignorant pas la manière ainsi l'espoir implique : volonté, et connaissance pour assurer l'ascendance de la personnalité dans l'existence » (La mayonnaise de la volonté, et de la connaissance permet d'atteindre l'espoir durable dans la vie). « Au lieu de combattre l'espoir il faut plutôt espérer pour combattre ainsi nous irons loin dans la guerre » (L'espoir nous mène loin là où nous espérons pour combattre et non ne combattons pas l'espoir). « On s'impose l'espoir pour s'imposer sur le désespoir » (La malice dans la tête recommande de s'imposer l'espoir pour mieux faire face au désespoir comme défi). « Sans espoir on voit tout en noir, le désespoir à outrance ne fait qu'enfoncer dans le problème : ne vous laissez pas gagner par le désespoir sinon il vous dépassera » (L'illusion nous dépasse partout où nous nous laissons trimbaler par le désespoir sans raison). « L'espoir est un devoir pour celui qui tient à la victoire » (L'espoir émane du devoir pour celui qui souhaite réussir dans la vie). « La dépendance à l'espoir émane de la dépendance à l'existence : aussi longtemps que nous vivrons nous espérerons pour ne pas s'effacer » (L'espoir soutient la volonté de l'existence certaine dans la vie). « Espérer n'est pas tout s'il ne rend pas heureux : le mieux pour espérer est d'espérer contre le désespoir et non pas avec » (L'espoir certain nous renforce contre le désespoir et non pas avec). « Bien de savoir pour bien d'espoir qui débouche sur la victoire » (Nous attendons de la part d'un espoir cohérent de l'équilibre avec le sceau de la connaissance). « Espérer sur tout c'est finalement ne pas espérer du tout, nous passons à côté de l'essentiel partout où nous pensons tout comme essentiel car de la manière où tout n'est pas inimportant tout n'est pas important de même » (L'utilité de l'espérance est fonction de l'orientation qu'on la donne ainsi la bonne espérance ne se passe pas de l'usage de la raison). « Pour promouvoir la richesse il faut cultiver la justesse puis persévérer dans la sagesse ainsi espérer nous sera utile » (L'espérance certaine découle de la promotion de la sagesse sacrificielle dans la vie). « Ne fautons pas pour espérer sinon espérer ne rend pas heureux s'il importe d'espérer ce n'est sagement pas pour souffrir par contre sourire oui » (L'espoir pour sourire est cela recherché par l'individu sage). « Partout où l'espoir ne compte pas l'avenir ne conforte pas » (L'espoir est crucial pour faire rêver l'individu à un avenir meilleur). « L'avenir ne fait que nuire à celui qui le pense sans droiture » (L'avenir pensé sans droiture importe peu). « Sûr de droiture sûr d'avenir sûr de réussir à Dieu n'en déplaise » (L'accompagnement certain du seigneur nous fait réussir face aux défis de l'avenir si nous restons sur un chemin droit). « A jamais le courage nourrit l'espoir » (L'espoir est assisté par le courage dans la vie). « La qualité de l'espoir détermine la personnalité de l'ambitieux, c'est seulement malicieux que l'ambitieux est soigneux » (Le soin dans l'ambition détermine la malice dans la manière). « Vivre ambitieux c'est vivre nécessiteux à jamais : aussi longtemps que quelque chose nous manquera nous ambitionnerons pour quelque chose » (L'ambition exprime la nature insatiable de l'individu). « Tant que nous nous passionnions nous ambitionnons puis résolvons nos défis ou pas en fonction de nos orientations idéologiques : aussi longtemps que l'humain sera sujet au besoin il sera sujet à l'ambition » (La passion en est pour beaucoup de chose pour réussir dans la vie). « Quand l'espoir manque d'importance le désespoir monte en puissance parce que nous l'alimentons sans le savoir ; bien nourrit l'espoir est tout d'abord une question de chemin objectif lequel pris par l'ambitieux arrivera certainement à s'épanouir dans sa dynamique positive » (La dynamique objective de l'espoir seul fait réussir l'ambitieux). « L'ambition c'est la décision qui peut ou pas voir sa finition selon le degré de la réflexion de l'individu). « Sans savoir si l'espoir n'empêche pas de croire c'est qu'il appelle à croire pour s'empêcher » (L'espoir sincère n'a autre manière si ce n'est celle lumineuse). « L'espoir n'est pas ce qu'on pense si ce qu'on pense ne s'oppose pas au désespoir : autre que savoir est déboire dans l'espoir ; bien pensé l'espoir ne se limite pas à compter mieux à comprendre à opérer en vue de se combler » (L'espoir certain permet à l'humain de se combler dans sa marge). « A défaut de savoir l'espoir on se fera avoir par son espoir : espérer d'accord mais opérer d'abord » (L'implication ouvrière humaine doit dépasser toute volonté manifeste d'espérer chez l'individu). « Quand le mal nous fait espérer c'est justement pour nous faire désespérer en rien l'incertain ne garantit le gain de l'humain si nous le voulons durable » (Le gain durable doit-être certain dans sa structuration). « L'espoir de tous les désespoirs est bien sûr l'espoir sans enjeu aucun : tout d'utile est difficile » (La réussite de l'espoir est d'une part la résultante de l'engagement certain de l'individu à produire de l'effort sacrificiel). « Même si j'ai peur j'espère pourvu que je sois clair car c'est la manière de vaincre les erreurs » (Restant droit dans la vue nous pouvons espérer malgré la peur pour prospérer devant les défis de quel ordre que ce soit). « Seulement on a droit à l'espoir si nous n'espérons pas contre ce qui est droit dans la condition où nous voulons que l'espoir nous assure la victoire » (La condition d'un espoir réussi est qu'il ne s'oppose pas à la mesure de la précision).

L'INTELLIGENCE ET L'ININTELLIGENCE

« Toute la vérité sur l'intelligence est qu'il n'y a pas d'intelligence sans la vérité » (Au juste l'intelligence est égale à la vérité). « Ce n'est nullement pas intelligent qu'on se mente » (L'individu qui se veut intelligent s'arrange pour ne pas se mentir au mieux). « Bien d'intelligences nous permettent de franchir bien de limites, c'est parce qu'elle n'est pas l'égale de l'ignorance que la connaissance nous assure la suffisance idem pour l'intelligence et l'inintelligence » (L'intelligence en renfort nous permet d'endiguer l'inintelligence et ses conséquences désastreuses). « On n'est pas intelligent parce qu'on se veut intelligent mieux parce qu'on est juste évident bien plus que le vouloir l'intelligence se traduit par le savoir dans la conduite » (La marque de l'intelligence combine le vouloir et le savoir dans la démarche de l'individu). « Il n'y a pas d'échec dans l'intelligence raison pour laquelle elle est l'essence de la suffisance impossible dans ce sens d'imaginer le progrès sans le concret autant nous ne saurons logiquement pas penser la suffisance à l'absence de l'intelligence dans le sens » (L'intelligence accompagne normalement la bonne réalisation de la suffisance ou de l'amélioration de la condition de vie humaine). « Le complice de l'inintelligence est sujet à l'insuffisance » (A l'absence de l'intelligence nous sommes sujets à l'insuffisance). « Le domaine de la connaissance est d'autant plus complexe que celui de l'intelligence car on ne saurait nullement pas parler d'une expression intelligente quelconque sans passer par une théorie intellectuelle déterminée ce qui déduit certainement que seule la connaissance nourrisse l'intelligence au fur à mesure que nous nous résolvions, nous nous déterminons, nous, nous passionnons pour connaitre nous élargissons notre intelligence » (Le progrès intellectuel de l'humain s'accompagne par l'accroissement de son intelligence sensuelle à travers le gage de la détermination éclairée à parfaire ses lacunes intellectuelles à jamais). « Partout où l'intelligence fait perdre c'est que l'inintelligence est mal pensée c'est seulement dans la confusion que nous méprenions l'inintelligence à l'intelligence » (La confusion situe le flou sur l'intelligence et l'inintelligence). « Tout ce qui est pensé contre l'intelligence n'est pas pensé pour l'intelligence » (L'intelligence ne s'appuie nullement pas sur l'inintelligence). « Malin on est certain et intelligent quand la malice n'exclut pas la justice » (La malice qui n'exclut pas la justice mène à la suffisance). « Rien d'intelligent n'est inquiétant pour celui qui se veut cohérent de sens » (La cohérence dans le sens détermine l'intelligence dans l'existence de façon stable). « L'intelligence n'est pas sans importance dans le sens, plus c'est important plus c'est évident juste c'est persévérant » (La persévérance est suffisance dans l'évidence). « Tout d'intelligent est rassurant » (L'assurance dans l'intelligence est certaine). « Combattre l'intelligence c'est se combattre dans l'existence » (Intelligemment nous ne saurons nullement pas combattre l'intelligence sans s'abattre dans l'existence). « L'intelligence est un combat de tous les jours car aussi longtemps que nous vivrons puis nous nous préoccupons il importe que nous nous cultivions dans la vie » (L'intelligence recommande de se conforter dans la vie, dans le temps et l'espace partant du sceau de la raison). « Utile est la vie qui rassure ainsi nulle vit ne rassure sans intelligence aucune dans la droiture » (La droiture est intelligence dans l'existence). « L'intelligence fait rêver celui qui souhaite prospérer » (Là où nous souhaitons prospérer l'intelligence fait rêver). « Celui qui ne rêve pas pour l'intelligence, rêve pour rien » (L'intelligence seule concorde avec la réussite durable de la personnalité). « Quand l'intelligence manque au sens c'est que rien n'est présent comme référence dans la mesure où seule l'évidence suffit comme référence » (L'intelligence est la référence la meilleure partant de la suffisance de son sens). « Dans la mesure où l'intelligence guérit l'imprudence certainement que l'imprudence ne fait pas l'intelligence sur le moindre détail d'attention se joue la gloire de l'intelligence dans l'existence » (L'intelligence est la combinaison de plusieurs valeurs utiles à l'amélioration de la condition de vie humaine). « Tout ce qui se dit sur l'intelligence à part qu'elle est bon sens est non-sens ainsi n'est pas intelligent ce qui n'est pas évident »

(L'intelligent est évident en terme de sens). « L'intérêt de l'intelligence est qu'au lieu de s'opposer à l'intérêt elle s'oppose avec intérêt et cela à ne rien d'autre si ce n'est le désintérêt ce qui est bien requis pour celui qui veut réussir » (L'intelligence nous arrange sur toutes les lignes il suffit de la faire confiance pour profiter de sa suffisance). « De l'intelligence à l'intelligence la frontière n'existe pas, la valeur étant la même ainsi il faut raisonner pour solutionner ensuite figurer sur le registre des intelligents : le propre de l'intelligence c'est le bon sens dans le cheminement » (Le bon sens dans le cheminement détermine le propre de l'intelligence). « Même intelligent on se trompe n'ignorant pas que l'insuffisance ne fait pas la suffisance ; l'intelligence n'est pas du tout l'absence de toute insuffisance en soi par contre elle est le choix pour l'humain de la canaliser au mieux raison pour laquelle aussi longtemps que durera la vie durera la quête de l'intelligence avec » (La vie humaine marche avec la quête de l'intelligence certaine en vue de son renforcement). « La puissance de l'intelligence bien sûr c'est dans la connaissance qu'elle figure ainsi non-sens est de penser pouvoir être intelligent à l'insu de la connaissance : sans la connaissance l'intelligence n'est rien » (L'intelligence tire sa grandeur dans la marque de la connaissance). « Partout où l'ignorance fait rêver l'inintelligence fait gagner en ne suivant rien comme preuve face à l'épreuve nous partons sûrement défaits » (La défaite existentielle nous la concédons d'une part en affrontant les épreuves de la vie sans arguments certains). « Tant qu'on n'arrivera pas à l'intelligence nous n'arriverons pas à la suffisance » (La suffisance est l'expression de l'excellence référentielle dans la vie). « L'inintelligence n'est pas sans importance même si elle se trompe d'importance, le sens signifie quelque chose même si elle se trompe de cause et de chose à la fois » (Le sens détermine l'inintelligence n'importe que sa valeur ne soit pas rassurante).

LA REUSSITE ET L'ECHEC

« En général l'échec ne fait pas plier celui qui n'échoue pas pour abandonner, bien compris l'échec renforce la culture de la réussite humaine » (L'échec bien compris mène à une réussite bien pleine). « Pour éviter l'échec sachons d'abord là où se situe-t-il car dans l'ignorance du problème nous ne nous retrouvons pas dans la solution » (L'instruction précède la solution de l'échec donc la réussite). « Aussi longtemps que le problème ne sera pas la solution l'échec pareillement se distinguera du succès c'est parce que tout n'est pas que d'échec également tout ne relève pas du succès que l'un et l'autre existe » (L'échec et la réussite existent l'un près de l'autre). « La frontière entre l'échec et la réussite c'est la présence ou l'absence de l'instruction dans la réflexion » (Mieux l'on s'éclaire plus on réussit, moins on s'éclaire moins on réussit). « Quand le mal nous réussit ce n'est pas pour notre bien à aider ou pas le mal nullement le mal ne nous aide ainsi c'est justement se desservir que de penser pouvoir se servir du mal » (Nous nous desservons en pensant pouvoir se servir du mal). « Le mal sert à celui qui ne se sert pas dans la mesure où la retombée négative nous tombera dessus » (La retombée négative du mal nous tombe dessus dans le sens où il n'est pas bien). « Celui qui n'accorde pas de temps en la raison n'en n'accorde pas au succès par conséquent œuvre à renforcer l'échec contre soi en le choisissant comme choix » (Le temps précis est celui qu'on accorde à la raison pour réussir en toute lucidité). « L'ayant comme choix on choisit contre soi parlant du mal » (Le choix du mal n'arrange pas comme voie). « L'échec impose la retraite même si bien pensée la retraite vient à bout de l'échec » (L'échec n'empêche pas de réussir en tirant bien les leçons du passé). « Celui qui ne s'oppose pas à l'échec s'oppose pour échouer » (L'opposition convenable se fait à l'encontre de l'échec et non pas le contraire). « Il est le propre du succès de s'opposer au problème plutôt que de le poser, c'est seulement mal pensée que la solution pose problème ainsi dans la confusion le problème s'érige en solution » (Le problème devient la solution l'échec la réussite dans la confusion de sens par la réflexion humaine). « Tout ce qui se fait à l'encontre de la réflexion se fait contre la solution le succès avec tout en renforçant l'échec avec le problème qui le cause » (L'intelligence opérationnelle seulement permet à l'humain de réussir face aux défis de l'existence). « Mieux l'on sait plus on s'ouvre au succès » (Le succès se mesure au degré de connaissance de l'humain). « D'une part dans la vie l'ignorance qu'on a c'est le fardeau que nous portions de même que le degré d'échec que nous subissions par contre la connaissance qu'on a c'est la solution que nous vivions accompagnée du soulagement qui se vit sagement » (La différence importe tout en étant majeure celle qui sépare l'échec de la réussite dans la manière). « Tout ce qui se dresse contre le concret se dresse contre la réussite » (Le sens contraire à la valeur concrète se dresse contre la réussite). « Quand le succès ne nous trompe pas on ne trompe pas pour l'obtenir : Celui qui trompe pour la réussite se trompe de la réussite car elle ne sera pas durable dans ce cas » (La réussite durable se dresse à l'encontre de l'erreur). « Partout où l'erreur nous réussit la réussite nous fuie nous ne rassemblons pas la réussite et l'échec dans le même panier » (Il importe de faire son choix entre l'échec et la réussite). « Il ne faut seulement pas agir pour réussir mieux il faut s'instruire, dans l'impossibilité de faire la part des choses nous nous trompons de part dans les choses » (La nécessité de faire la part des choses avant d'agir de la part de l'humain est utile pour promouvoir son épanouissement). « Plus c'est épanouit mon ça nuit, plus c'est réussi plus ça rassure » (N'ayant autre assise que la franchise la réussite suffit pleinement comme marge). « Celui qui réussit sans jamais raisonner, réussit finalement pour s'abandonner : pour qu'elle nous soit utile la réussite n'a autre assise fiable différente de celle de la raison » (La réussite tient à la positivité comme assise fiable dans la vie). « L'illusion c'est le présent alors que la raison est le passé, le présent et l'avenir donc rien ne la manque comparée à la première ce qui déduit la capacité logique qu'elle détienne à triompher parmi les autres valeurs par sa suffisance existentielle » (L'importance de la reconnaissance de la suffisance du bon sens est nécessaire au détriment du non-sens » (Le bon sens est l'assise de la solution durable sa stabilité occupe tous les temps à la fois le conférant le statut remède qui est sien). « La réussite du succès est fonction du succès de la réussite il importe de croire fermement à la capacité de la positivité pour qu'elle serve d'assise pour la personnalité ; mieux nous croyons à la raison plus elle nous garantit la progression vers l'amélioration de notre condition de vie » (L'intelligence réflexive dans le diagnostic du problème émane de l'effort de l'intelligence à se perpétuer derrière le sceau de l'intelligence ainsi il ne faut seulement pas se limiter à l'intelligence pour réussir dans l'existence mieux il faut l'adopter dans le comportement après l'avoir connu). « Bien c'est réfléchi mieux c'est réussi » (Le succès plein émane de la compréhension certaine). « La réussite se nécessite à jamais aussi longtemps que nous aurons besoin de réussir pour prospérer : toute l'importance de la réussite découle du fait qu'elle se nécessite n'étant pas facile du tout à atteindre ainsi les multiples peines sacrificielles que nous consentions à son accomplissement traduisent de loin l'importance qu'elle renferme » (La réussite renferme une importance immense dans la mesure où elle n'est pas sacrifice en même temps suffit pour récompenser le sacrifice). « Plus les périodes diffèrent les réussites aussi mais dans la forme et non pas dans le fond car en la voulant durable la réussite se veut raisonnable n'importe que la méthodologie change avec le temps et l'évolution qui l'accompagne il importe pour l'humain de savoir opérer la mutation convenable au sens raisonnable face à toutes sortes de challenge pour sortir victorieux de son engagement » (Nous ne sortons pas victorieux de notre engagement là où nous ne le pensons pas sagement). « Ce que dit le succès c'est ce que confirme le concret, du même au même la différence est la même pour ne pas dire qu'il n'y a pas de différence du tout » (Le succès et le concret font un ainsi le sens concret est le levier de la réussite dans la vie). « En combattant la réalité nous combattons la solution avec idem en ne voulant pas du concret nous nous opposons au succès avec plus nous nécessitons la réussite mieux nous devons privilégier la droiture pour atteindre la mesure de l'ouverture » (L'atteinte de la mesure de l'ouverture ne se passe pas de la droiture comme modèle).

L'AVANTAGE ET LE DESAVANTAGE

« L'important n'est pas d'avoir du temps mieux ne pas se faire avoir par le temps » (La bonne répartition du temps humain partant de son instruction le concernant lui permet de le profiter pleinement). « Celui qui situe l'important autrement que sagement est sujet à l'égarement » (L'important n'égare pas sans nous faire perdre du temps pour rien). « Quand l'importance n'assure pas l'assurance n'importe pas » (Partout où l'importance assure peu l'assurance importe peu de même). « Aussi longtemps que l'importance ne se pensera pas pareillement l'importance s'opposera à l'importance car il y aura de l'importance pour et contre l'importance les sens en découdront en fonction de leurs gains » (Les humains en découdront en fonction de leurs gains parlant de sens aussi longtemps que l'importance sera une menace pour l'importance). « Ce n'est pas la faute à l'importance si nous péchons pour l'importance » (L'humain est l'acteur de ses erreurs). « Plus on s'oppose à l'erreur mieux on renforce sa manière » (Nous nous renforçons dans la vie partout où nous nous renforçons contre l'erreur). « Comme importance il va de soi de savoir que l'erreur n'est pas une force raison pour laquelle on se renforce contre la force de l'erreur en guise d'importance » (L'importance nous renforce en sachant bien la situer). « Chez l'ignorant l'important est inquiétant ne sachant pas faire la part des choses il remet sa part en cause » (L'ignorant ne juge pas l'importance dans sa juste valeur). « Ce n'est pas sans importance qu'on s'oppose à l'importance même si on ne s'oppose pas sans importance ; certes l'importance a toujours une raison même si l'importance n'a pas proprement raison dans la mesure où la raison de l'importance n'est pas forcément l'importance de la raison » (L'importance de la raison n'est pas forcément la raison de l'importance ainsi l'illusion fait rêver comme importance dans ce cas). « Selon l'importance on se réfère dans l'existence » (Nous nous référons dans l'existence en fonction de l'importance dans la vie). « La connaissance de l'importance nécessite l'importance de la connaissance ce qui fait que l'individu mal éclairé ne peut nullement s'en tirer en terme d'importance » (L'ignorance ne nous permet pas de se situer sur une importance solide dans la vie). « L'important n'est pas de courir plutôt de s'instruire, si l'importance est bien réfléchie elle choisit la connaissance à l'ignorance en faisant la part des choses » (La part des choses nous permet de bien nous situer par rapport à notre profit dans la vie). « Tout va à l'encontre de l'importance qui ne va à l'encontre de rien en tout et pour tout pour que l'importance suffise il faudrait qu'elle soit précise » (L'importance qui nous sourit en suffisance doit-être bien éclairée). « Plus c'est évident plus c'est important mieux c'est rassurant » (L'important est rassurant pour celui qui le situe logiquement). « La confiance au bon sens c'est la conscience à l'importance mieux la confiance et le bon sens s'accordent justement nous réussissons dans l'importance que nous façonnions contre l'illusion et non pas pour la désillusion » (En rien l'importance qui ne veut rien dire ne nous rassure dans la vie). « L'important n'est pas de se croire important ni de se savoir ou se vouloir important non plus de se faire important plutôt de chercher l'importance à jamais sans jamais l'atteindre pour ne pas la perdre : ceux qui tiennent l'importance à jamais s'entretiennent à ne jamais la détenir pour ne pas la perdre à jamais » (L'importance certaine se cultiver du jour le jour de la part de l'individu consciencieux pour ne pas la perdre l'humilité est requise en vue de la préserver). « L'important est fonction du temps plus le temps évolue ainsi l'important peu évoluer avec raison pour laquelle il est souvent probable que la réalité d'hier ne soit pas celle d'aujourd'hui » (Le changement d'intérêt, de milieu, de nature sont des facteurs qui peuvent s'accompagner d'un changement d'importance). « Venant de l'évidence outre la suffisance nous n'attendons autre conséquence de l'importance » (L'importance de l'évidence est la suffisance dans le cadre de vie générale). « L'important ne se dit forcément pas mais se voit et s'assume selon sa compétence, sa qualité et sa capacité à suffire puis à réussir à satisfaire l'attente des uns et des autres de quelle nature qu'elle soit matérielle ou immatérielle » (L'important tient à sa nature matérielle ou immatérielle à répondre avec efficacité à l'espoir placé sur sa valeur si l'importance est bien fondée). « Ce qui va à l'encontre de la suffisance va à l'encontre de l'importance dans l'existence : seul le bon sens est gage d'importance durable dans la vie » (L'importance durable nous l'atteignons partant du sceau du bon sens dans l'existence). « Sans importance est sans exigence si l'importance s'exige c'est pour la suffisance » (L'importance s'exige pour la suffisance dans l'existence). « Dans l'imprudence l'importance n'a point de cohérence » (L'importance n'a pas de cohérence dans la mesure où nous ne la situons pas bien certes dans la prudence requise). « La nature de la raison est celle de l'importance qui nous sourit en toute suffisance : certaine est la nature pleine est l'importance dans sa convenance » (L'importance convenable renforce l'humain dans sa nature de façon raisonnable). « Tout d'évident est gagnant, important et rassurant » (L'évidence fait gagner et rassurer dans la vie). « Rien d'important n'est insultant » (Rien d'important n'est insignifiant). « L'importance mal pensée n'a d'égale que l'inimportance : c'est seulement mal pensée que l'importance n'assure pas l'avancée » (L'importance n'assure pas l'avancée une fois sagement pensée). « L'existence n'est pas sans importance dans la mesure où l'importance se nourrit dans l'existence » (L'importance de l'existence est très large dans la mesure où la vie est faite d'importance). « Rien de ce qui est important à la vie n'est important contre la vie » (La chose importante à la vie est importante à vie !). « Si l'on pense l'importance en contre c'est qu'on est contre l'importance » (L'importance n'est pas rien si nous la situons justement en toute importance). « L'importance qui ne s'oppose pas au bon sens s'oppose avec suffisance certainement à l'insuffisance promet par conséquent la suffisance dans l'existence » (La suffisance dans la conscience renforce l'humain dans sa cohérence existentielle). « La nature de l'importance ne s'oppose pas à l'importance de la nature ; précise de manière l'importance réussie comme valeur soutenant le labeur l'importance renforce la suffisance dans l'existence » (L'importance renforce l'individu dans sa nature). « L'important est arrangeant » (L'important est largement arrangeant si nous le pensons savamment). « L'important est imposant » (L'important s'impose). « L'important est assistant » (L'important aide). « Mieux c'est important plus c'est confortant, l'aide certaine est bien pleine pour l'humain » (L'ordre certain rassure l'humain dans son orientation). « Dans la différence de sens nous vivons l'importance dans l'existence dans la mesure où le sens certain rend bien responsable » (Le sens responsable nous renforce dans l'existence sociale). « La vie raisonnable est justement responsable certes important de sens, l'importance dans la vie ne s'oppose pas à l'importance dans le sens » (L'importance dans la vie concorde avec celle du sens le tout inclut dans la raison). « La mesure de l'importance n'est pas sans droiture dans l'existence mieux l'importance concorde avec la droiture plus elle s'éclaire comme mesure » (L'importance qui concorde avec la droiture concorde en terme d'ouverture). « Celui qui ne se trompe pas d'importance, se situe dans l'existence en toute confiance, la confiance dans l'existence est l'émanation de la suffisance dans l'espérance » (La suffisance dans l'espérance détermine l'importance de la conscience). « Ce n'est pas sans bon sens que nous atteignions la suffisance dans l'importance ce qui traduit le fait que la perte du bon sens est celle de l'importance dans l'existence car seul bien éveillé l'humain ne va pas à l'encontre de sa suffisance en renforçant son importance dans l'existence » (Toujours la maturité intellectuelle accompagne l'importance choisie dans l'existence). « L'intelligence n'est autre que la présence du raisonnement dans la gérance » (Le raisonnement dans le cheminement détermine l'intelligence en fait). « On n'appelle pas intelligent celui qui s'oppose à l'intelligence mieux celui qui s'oppose avec d'accord » (L'intelligent est sans doute celui qui s'oppose avec intelligence plutôt que celui qui s'oppose à l'intelligence). «

LA NATURE ET LA CULTURE

« La nature n'est pas pour nuire toutefois si elle est faite pour réussir, d'une bonne nature nous n'attendons autre qu'une sage ouverture » (La réussite dans la nature mène au succès dans la vie). « On doit suer pour sa nature après l'avoir vu il nous incombe la tâche de la revoir pour la remodeler selon notre convenance existentielle cela dit aussi longtemps que l'éducation se nécessitera chez l'humain le besoin de perfectionnement de sa nature se déclare en lui » (Dans la vie l'humain est confronté à un besoin constant de changement de nature selon le modèle convenable). « Dans la nature on est limité dans son choix partout où on ne choisit pas d'aller à l'encontre de la limite de son choix » (Il importe à l'humain de connaitre la limite de son choix pour aller à son encontre dans la vie en vue d'atteindre la réussite dans sa démarche). « En bien la nature est certaine » (L'état certain d'une nature est fonction de la portée qu'elle dégage dans le temps et l'espace). « Celui qui ne se situe pas sur sa nature est limitée par sa nature : au mieux on ne saurait nullement pas tirer profit d'une nature que nous ignorions dans le temps et l'espace » (La connaissance est requise pour qu'on tire profit de notre nature). « La culture de la réussite c'est tout ce qu'il faut inculquer comme leçons aux apprenants si nous souhaitons faire de l'apprentissage un creuset de la réussite ainsi nous nous arrangeons à savoir quel enseignement faire en comparaison à ce qu'il ne faut pas faire car dans la vie de l'échec à la réussite vice-versa la différence est primordiale pour situer le résultat positif ou négatif qu'il soit » (Il importe pour l'humain intelligent de savoir parfaire son existence par la culture d'apprentissage des leçons utiles à la vie). « Tout ce qui profite comme culture ne se pense pas contre la droiture : autre que droiture est manquement dans la culture » (La positivité est la bonne culture à entretenir puis à partager à jamais). « Celui qui connait la réussite dans la nature, réussit dans la connaissance de la nature » (La nature ne fait pas réussir celui qui l'ignore). « La nature n'empêche pas de réussir celui qui ne vit pas de la nature de l'empêchement » (Ne vivant pas de la nature de l'empêchement justement que la nature ne nous empêche pas de réussir dans la vie). « Changer de nature recommande de changer de mesure avec ; chaque changement naturel faisable est fonction d'un accompagnement mesurable de la volonté humaine le plus souvent » (Nous opérons le changement de nature en nous, en adoptant la recommandation de la raison comme solution). « Lorsqu'elle n'est pas bonne elle constitue une borne qui nous sépare de la réussite parlant de notre nature, non lucide au lieu de nous sourire en ouverture la nature s'érige en fermeture pour l'espérance humaine » (L'espérance humaine est assise sur la fermeture de la nature non positivement pensée). « La connaissance de la nature passe par la connaissance de la nature de la connaissance ; celui qui ne se trompe pas de nature l'apprécie en toute droiture » (La juste mesure sur la nature nous rassure par rapport à sa compréhension). « La réussite de la nature ne s'oppose pas à celle de la culture car une nature bien pensée mène à une culture gagnante : dans l'illusion tout ce qu'opère la réflexion s'opère contre la réflexion » (L'illusion n'opère rien de certain pour la réflexion). « La nature peut s'opposer à la nature parce que n'ayant pas la même conviction, cependant qu'elle soit égale ou différente à la nature ; la nature reste avant tout une nature » (La nature reste une nature même différente de la nature). « On doit convaincre sa nature pour vaincre dans sa culture » (L'individu doit se réconcilier avec sa nature pour renforcer sa culture). « On doit avoir honte dans sa nature sans pour autant céder à la nature de la honte ; bien inspiré on doit avoir honte de la nature du mal et non pas le mal comme nature au juste » (On ne tire pas profit d'une nature qui n'est pas précise). « Lorsqu'elle ne s'oppose pas à la droiture logiquement que la nature nous mène à l'ouverture : bien appréciée la nature fait avancer » (La réussite dans la nature ne demande pas à s'opposer à la droiture comme nature). « La nature de la privation tout comme celle de la récréation appuie la culture de la création pourvue qu'elles ne s'opposent pas à l'orientation de la précision » (Nous gagnons toujours en suivant la bonne orientation). « Quand la nature nous fait perdre dans le temps à moins qu'on ne soit satisfait par la perte on n'a pas intérêt à l'entretenir : dans le sens positif si la nature ne nous change pas on doit la changer » (La nature doit nous profiter dans un sens positif si nous la nourrissons bien dans le cas échéant nous devons la changer pour avancer). « Autant on n'avance pas sans sa tête autant nous ne progressons pas dans l'ignorance de notre existence liée à la nature qui nous anime » (La connaissance est bien requise pour parfaire l'existence humaine de long en large). « Toutes les natures ne sont pas à promouvoir pour celui qui tient à la victoire ; quand il se pense mal la nature n'est pas à notre avantage » (Pour qu'elle nous rassure il est utile de bien penser la nature). « Notre nature ne nous regarde pas exclusivement car étant le produit d'une société elle est aussi appréciée à travers les interactions que nous faisions dans le cercle social ce qui détermine notre maturité ou immaturité réflexive : qui nous sommes dans la mesure est fonction de ce qu'on a comme nature ce qui alimente la culture qui est nôtre également » (La nature alimente l'orientation de la culture qui peut nous aider ou pas en fonction de notre réalisme ou pas). « La nature du temps détermine celle de la vie dans la mesure où chaque nature humaine se résout dans le temps bonne ou mauvaise la nature s'accomplit dans le temps, change avance ou régresse également dans le temps » (Le temps est pour quelque chose dans la situation de l'action naturelle). « A défaut de savoir sa nature on se fera avoir par sa nature pareillement à la culture au juste celui qui néglige la connaissance néglige son existence avec » (La négligence de la connaissance s'appuie sur celle de l'existence humaine). « La compréhension du temps s'accompagne de celle de la nature ainsi celui qui s'intéresse bien à sa nature et culture combinée s'oriente bien dans le temps : raisonnons bien dans le temps sagement nous profiterons bien de la vie » (La raison dans l'action éclaire tout en stabilisant la vie humaine). « On n'est pas sans nature même si on ignore souvent sa nature : nous pouvons souvent ignorer nos natures sans qu'on manque logiquement de nature celui qui ignore sa nature adopte d'emblée celle de l'ignorance » (L'ignorance de notre nature coïncide avec l'adoption de la nature voulue par l'ignorance). « Les meilleures ouvertures viennent des meilleures natures : sincère est la nature, meilleure est l'ouverture » (La sincérité dans la nature mène à la grandeur dans l'ouverture). « Dans l'ignorance de sa nature on ne se facilite pas la culture » (La clarté dans la culture est liée à celle de la nature). « On est otage de sa nature quand on choisit la nature de la démesure » (La nature de la démesure est une nature qui ne fait pas réussir).

LA POLITIQUE ET LA SOCIETE

« La culture sociale soutient celle politique dans la société ainsi la politique que nous faisions détermine la personnalité que nous incarnions cela dit le pont est logique entre la politique et la culture de l'individu dans la mesure où nous ne politisons rien à l'absence de notre réflexion culturelle ou intellectuelle » (La culture de l'individu détermine son réalisme politique). « La géopolitique implique la politique de l'interdépendance à travers le calcul des intérêts en opposition à l'intérêt des calculs partout où il existe un enjeu géopolitique nous nous attendons à une opposition socio-idéologique » (L'enjeu géopolitique n'a rien d'autre assise que celle de l'opposition des idées entre les humains). « Le jour où la politique de l'intérêt concorde avec l'intérêt de la politique elle se fera au compte de l'humanisme » (Pour que la politique de l'intérêt concorde avec l'intérêt de la politique il faudrait qu'elle n'ait autre raison si ce n'est celle de la raison comme ultime directive de gestion de la nation). « On n'est seulement pas politicien d'une seule nation, d'une époque ou d'une génération car si l'on s'assume pleinement notre modèle politique fera date puis s'enseignera de par le monde car il fera rêver plus d'un dans le cadre d'élaboration de plans de gestion étatique au juste l'école de la politique n'est pas propre à un seul état » (Le politicien est un apprenant puis un enseignant). « On apprend la politique puis politisons l'apprentissage pour mieux gérer la cité en guise d'acquisition d'une bonne expérience politique il importe de réussir sa culture intellectuelle » (La réussite de la culture intellectuelle est le seul gage de l'élévation de notre personnalité). « La politique c'est la politique elle ne se fait pas à l'insu de la logique intellectuelle » (La logique intellectuelle renforce la politique sociale dans son orientation). « Si on n'est pas politicien de non, nous disons non à la politique de la négation si utile est pour le politicien de ne pas manquer de conviction cependant ne pas manquer dans sa conviction se stipule également » (Il convient de raisonner notre orientation politique pour la réussir). « La politique c'est le temps pareillement à la circonstance ce qui détermine le changement de mine physique et idéologique qu'adopte souvent l'acteur politique au gré de circonstances fort de son talent d'anticipation le politicien s'évertue à contenir les tentations qui sapent sa progression » (L'intelligence de l'acteur politique doit se déterminer dans sa capacité à anticiper au mieux les défis de la vie). « La politique de la raison explique en tout la raison de la politique pour qu'elle nous serve de référence » (La politique qui nous sert de référence est sagement pensée à travers son orientation). « La mauvaise politique émane du mauvais politicien » (Le mauvais politicien fait la mauvaise politique ce qui ne veut nullement pas dire que la politique est mal dans son assise). « Quand on suit la politique de l'échec il est certain que nous échouions dans notre politique » (N'empruntant pas autre voie différente de celle de l'illusion généralement nous sommes entravés dans notre progression). « La politique de la réussite ne s'oppose pas à la réussite de la politique ainsi l'instruction politique doit précéder la réussite de la bonne méthode politique ; la politique cohérente se veut évidente large d'instruction, sage dans son instruction pour que son impact puisse couronner l'épanouissement humain » (L'épanouissement de l'humain dans un certain cadre doit passer par la réussite politique). « C'est bien politique que l'on ne s'oppose pas à la politique du bien, la politique de la réussite est celle de la justice de la grande ouverture idéologique dirigé pour le peuple et non pas à son encontre ; aucune politique utile ne se pose sur l'élévation de l'intérêt égoïste d'un clan, d'un groupe de peuple au détriment d'une vaste majorité qui en subit la conséquence désastreuse bien nourrie la politique n'a autre portée que celle qui concorde avec la clarté » (L'ouverture politique à la mesure de la droiture détermine en elle la portée de la réussite humaine dans le temps et l'espace). « On s'engage pas pour la réussite politique en se désengageant de la réussite économique non plus celle culturelle et sociale seulement la logique politique supporte le besoin du développement d'une nation si elle se veut un tout solide renfermant tous les pans de l'organisation harmonieuse de la vie humaine dans le temps et l'espace » (La réussite politique se bat sur une association de valeurs certaines dans le temps et l'espace). « La politique de la vérité ne s'oppose pas à la vérité dans la politique : l'idéale politique renforce le développement social à travers l'inclusivité dans le processus de gestion de la vie sociale sous l'angle strict du droit comportemental » (L'inclusivité positive détermine la politique de gestion dûment concertée). « Mieux la politique se porte bien les citoyens se comportent, la santé politique d'une nation a trait avec la santé idéologique des humains qui la font vivre » (La politique que nous menions est fonction de la personnalité que nous incarnions). « La politique de tous les dangers est celle qui ne s'oppose à aucun danger » (La politique qui ne s'oppose à aucun danger est une politique d'un grand danger n'étant pas utile). « C'est seulement éclairée que la politique rende heureux » (La politique harmonieuse est bien éclairée). « La politique de l'intérieur n'est forcément pas pareille à celle de l'extérieure raison pour laquelle la différence politique détermine la réalité politique ainsi à l'interne ou à l'externe nous faisons la politique de nos besoins avec nos partenaires selon leurs particularités » (Il y a une chose à mettre en exergue dans le réalisme politique c'est la prise en compte de spécificités nationales et internationales). « La politique de la juste ouverture est celle qui ne s'oppose à aucune ouverture ; de la politique à la politique c'est la nature qui fait la différence » (La nature fait la différence entre les regards politiques). « Il faut faire la politique de ses moyens s'assurant bien de ne pas agir à l'encontre de ses moyens politiques ; toujours la concorde est la corde sur laquelle s'appuie le socle de la politique judicieuse ainsi ne soyons pas une barrière pour la promotion de la cause que nous souhaitions voir réussir » (L'assise d'une politique judicieuse s'appuie sur la corde de la raison). « La politique ne manque pas de raison en réalité même si la raison de la politique est difficile à surmonter face à un enjeu politique quelconque nous pouvons juste nous faire des idées la concernant sans pour autant parvenir à situer la problématique en question : l'analyse politique n'est pas la franchise politique » (La réalité politique s'analyse diversement sans qu'on ne parvienne forcément à décortiquer la réalité). « C'est bien politicien qu'on est bâtisseur la bonne opinion politique démarque le bon stratège politique » (La politique réaliste est le concours du bon stratège politique). « La politique doit-être une chance plutôt qu'une malchance si nous la pensons selon la raison qui n'est autre que l'acceptation de la justice collective pour l'ensemble en réalité » (La réalité politique passe toujours par la politique de la réalité ainsi la capacité d'une politique à élargir le cadre de son intervention positive détermine son salut). « Le salut de la politique émane du salut du politicien » (Le politicien salutaire œuvre pour le salut politique). « Quand la politique de la vie s'oppose à la vie de la politique vivement que nous faisions face à la confrontation qui va à l'encontre de la stabilité socio-politique en générale au juste aucune politique réussie ne s'opère à l'encontre de la réussite politique » (La réussite politique s'opère en fonction de la logique réflexive dans le temps et l'espace). « La vie d'une nation évolue avec la réalité politique qui l'a vu naitre en réalité » (La vie de la nation change en fonction de la réalité politique qui prévaut dans le milieu). « La politique n'est pas sans importance pour celui qui sait apprécier une vie à sa juste valeur étant le mécanisme de planification judicieuse d'une vie » (La planification judicieuse d'une vie émane de la politique positivement mécanisé). « La politique n'est pas faite pour diviser si toute foi elle n'a pas vocation à nuire mieux elle doit réunir autour de l'essentiel qui n'est tout autre que la gestion éclairée et mieux coordonnée de la vie commune » (La fédération est le rôle de la valeur politique plutôt que la division). « La connaissance de la politique passe par la politique de la connaissance ; du même au même la différence est la même pour ne pas dire qu'il n'y a pas de différence » (Nulle politique ne se planifie à l'insu de la connaissance).

LA PAIX ET LA GUERRE

« Au mieux combattez la colère et ne combattez pas pour la colère ainsi vous vaincrez la misère dans la manière » (La manière responsable de vivre nous engage à combattre la colère et non pas à combattre pour la colère). « Partout où la guerre a une raison elle ne se déclare pas contre la raison » (La guerre raisonnable ne se déclare nullement pas contre la raison). « Celui qui combat la raison s'abat dans sa décision » (La guerre intelligente ne se déclare pas à l'encontre de l'intelligence plutôt). « Une nation instruite est également une nation de paix : partout où les hommes s'instruisent les cœurs s'apaisent » (Les cœurs s'apaisent partout où les humains s'instruisent). « Celui qui s'amuse avec la justice s'amuse avec la paix » (La justice compte sur la paix dans la vie en plus de la connaissance). « La paix c'est la connaissance, l'évidence, l'acceptation qui chemine ensuite à la délivrance » (La paix est composée ainsi l'instruction plus le bon sens en accord avec le comportement humain). « La paix est une réalité même si nous ne sommes pas tous en réalité pour la paix ; ne pas reconnaitre la paix n'exclut nullement pas son existence » (La paix existe qu'on la reconnaisse ou pas). « On n'arrivera pas à la paix tant qu'on ne paiera pas son arrivée la paix a un prix pas n'importe laquelle c'est celui de la justice si nous la voulons durable » (La paix durable n'a autre qu'une dimension rationnelle). « Mieux la paix nous importe plus la guerre nous conforte notre guerre et non pas la guerre étant donné que seule la guerre conduise à la paix bien pensée » (Il convient d'entretenir la flamme de la guerre pour ne pas éteindre celle de la paix). « A tout prix il faut faire la paix car sans paix sans justice ; rien n'est certain ; la paix dans la vie ne repose seulement pas sur l'aspect externe mais aussi nous comptons sur celui interne ainsi la meilleure manière de faire la paix avec les autres est de la faire avec soi-même car nous n'attendons pas la paix de la part de celui qui ignore ce que c'est que la guerre » (L'importance de rendre la paix durable nous rappelle à toujours bien la penser). « C'est seulement raisonnable que la paix est rentable » (La dimension productive d'une action pacifique tient à la raison dans le comportement). « C'est bien logique qu'on est pacifique ! » (Tout de logique est pacifique dans la marge). « Autant seule méconnaitre rend piètre autant seule la lumière conduit à la paix certaine » (Toujours l'apport de la connaissance est requis pour renforcer la suffisance de la personnalité). « Tout d'ignorant est désolant pour la paix, en fait pour promouvoir la paix soyons concret dans le fait » (Rester concret dans le fait nous permet de réussir la paix). « De la parole au rôle la paix nous renforce dans l'existence nous comprenons dans ce fait que la paix ne saurait exclusivement découler de la parole mais c'est combinée à l'acte que le tout nous renforce » (L'acte pacifique recommande l'union de la parole et du rôle que doive jouer l'acteur qui tient à la paix). « Celui qui souhaite faire la paix doit s'en faire pour la paix » (Il revient de s'en faire pour la paix pour la réussir). « La vie n'a autre clé que d'être pieux de son mieux » (La clé de la paix recommande logiquement à l'humain d'être pieux dans sa logique). « Quand on sait que faire de son temps on en n'en manque pas pour l'évident garant de la paix dans la vie, celui qui ne se donne pas le temps pour faire la paix, sera contraint dans le temps pour résoudre la guerre » (Il revient d'accorder du temps à la paix pour la réaliser en tout). « Celui qui n'est pas prêt pour la paix n'est pas prêt pour la vérité » (Celui qui est prêt à consommer la paix ne s'oppose pas à la vérité). « Si rien ne vaut la paix c'est que la paix n'est pas rien » (La paix n'est pas rien dans le cadre où elle nous profite sincèrement). « Mieux on s'ouvre à la paix mieux l'on sait sa guerre, c'est parce qu'il n'y a pas de paix sans guerre nous comprenons pourquoi la guerre est essentielle pour la paix » (Il est essentiel de savoir quelle lutte menée pour promouvoir la paix). « La paix est une chance qui ne se cultive pas dans le non-sens » (La paix ne s'obtient pas dans l'ignorance). « La paix c'est la volonté, nous n'accédons pas à la paix tant que nous constituions une barrière la concernant » (La volonté forge la paix et non pas le simple discours). « La paix a bien connaissance de la guerre raison pour laquelle elle l'utilise pour et contre cette même guerre » (La paix retrouvée recommande qu'on ait la connaissance de la guerre que nous menions en l'utilisant savamment pour faire la tirer profit et non pas se faire la guerre). « Dans la vie si la guerre est une réalité la paix n'en demeure pas moindre raison pour laquelle de la paix à la guerre vice versa il y a certes un changement de donne mais dans une constante qu'est la vie, la réalité globale existentielle » (La paix et la guerre s'alternent dans la réalité globale existentielle). « Celui qui connait sa vie connait sa guerre, la connaissance de sa vie concorde avec celle de sa guerre pour renforcer la preuve culturelle de l'humain en vue d'avoir une capacité de réponse ferme face aux défis de l'existence). « Là où la paix n'est pas importante l'importance n'est pas connue » (Partout où la paix est importance l'importance est connue). « La paix ne se démarque pas de toute autorité sur soi en soi et pour les autres il faut faire violence sur soi pour arriver à pérenniser la paix du cœur et de l'esprit en combattant tout ce qui plait à l'âme mais qui à la longue la nuit » (La paix a toujours cette dimension sacrificielle utile à sa réussite). « La paix n'est qu'à construire car détruire la paix ne peut que nuire souvent c'est parce qu'ignorant la portée de la guerre que le belliqueux s'obstine à poursuivre les hostilités et cela à son détriment » (Le belliqueux ignorant s'engage dans un avenir périlleux). « Plus on est belliqueux moins on est avantageux : quelle que soit la durée d'une guerre à la fin c'est de la paix qu'il en sera question ; contrairement au belliqueux l'homme sage anticipe les choses en restant pacifique de modèle » (L'humain sage se démarque du belliqueux aveugle par son humanisme). « Quand la paix ne nous arrange pas c'est qu'on ne s'arrange pas ignorant les conséquences d'une guerre incertaine hasardeuse voulant la poursuivre coûte que coûte on finira par se combattre sans forcément le savoir ; dans la mesure où on ne peut ne pas refuser de faire la guerre avant de se battre un détail crucial est à connaitre aimer se battre n'est pas forcément savoir se battre » (La philosophie de la paix est assez complexe ce qui fait que seulement l'intelligence est requise afin que l'individu puisse bénéficier de ses engagements tout comme de ses désengagements dans la vie). « L'amour de la paix c'est l'amour de la vie dans sa nature tranquille » (Celui qui aime la paix aime la vie dans sa dimension tranquille).

LA LECTURE ET L'ECRITURE

« Puisque vous me lisez inutile de vous dire que je suis passionné de l'écriture » (La passion se lit à travers l'écriture). « L'écriture ne rassure pas celui qui ne s'avise pas pour écrire au mieux la qualité de l'écriture a trait avec la personnalité de l'écrivain le plus souvent » (L'écrivain à travers sa personnalité détermine le trait de l'écriture). « Mieux partant de l'écriture on peut sûrement s'instruire pourvu qu'on sache bien lire, la bonne assimilation de l'écriture ne se passe pas sans un bon usage de la lecture : plus l'écriture est de qualité la lecture de même ainsi la formation sera rassurante » (La formation rassurante émane d'une écriture de qualité de même qu'une lecture éclairée). « Ecrivain on n'a rien quand on pense que l'écriture n'est rien » (L'écrivain qui juge mal l'écriture vit mal de son art). « Entre l'écrivain et l'écriture le désamour n'a pas sa place pour qu'elle nous réussisse parlant de l'écriture, écrivain nous devons la chérir pour s'instruire en vue d'instruire tout en poussant profondément notre imagination créatrice, créativité laquelle dont la lumière et la profondeur permettront de faire la différence en terme de suffisance » (L'écrivain doit appuyer son centre d'intérêt intellectuel en sachant pousser le plus loin possible et objectivement son imagination artistique afin de donner à l'art qu'il souhaite produire une qualité acceptable). « Mieux elle concorde avec la droiture plus elle nous sert d'ouverture parlant de l'écriture qui ne fait qu'instruire » (L'écriture instruisante nous ouvre la porte de la connaissance à la différence de celle qui ne l'est pas). « Derrière chaque écriture réside l'intérêt de l'écrivain » (L'écrivain se démarque par son écriture au juste). « Pour ne pas écrire n'importe quoi, n'importe qui ne doit pas écrire : écrire d'accord mais s'instruire d'abord » (L'instruction judicieuse de l'individu lui permet de réussir largement son écriture). « L'écriture est une chance que l'écrivain se porte garant de la représenter puis la partager à partir de sa plume s'il s'avise dans ses verbes » (L'écriture est une chance à partager avec autrui que soi car elle est connaissance). « L'écriture, réussie est forcément bien pensée avec la droiture comme mesure on peut ouvertement s'attendre à la réussite de l'écriture » (Bien pensée l'écriture nous réussit). « Quand l'importance de l'écriture s'oppose à l'écriture de l'importance c'est que l'écrivain est bien confus » (L'écrivain est bien confus dans la mesure où l'écriture est bien pensée). « La maitrise de l'écriture justifie la maitrise de l'écrivain, plus l'écrivain est certain plus l'écriture nous sert d'ouverture, c'est seulement sérieuse que l'écriture rassure car renforce le gain au lieu de le détruire » (L'écriture certaine renforce le gain multiforme de l'écrivain et du lecteur). « Ecrivain tout comme lecteur on est acteur à son niveau la complémentarité écrivain lecteur doit-être constamment mise à niveau en vue d'assurer la réussite de l'écriture » (L'assurance de la réussite de l'écriture se base sur la complémentarité entre lecteurs et écrivains). « Le bien de l'écriture ne s'oppose pas au bien de l'écrivain » (L'écrivain ne s'oppose en rien à l'écriture). « Tout est incertain chez l'écrivain qui s'éloigne du bien, bien l'on pense juste l'on s'investit ainsi glorieusement nous produisons l'écriture réussie est toujours le produit d'une inspiration réussie » (Partant de la réussite de l'inspiration nous accédons à celle de l'écriture). « Ecrivain convaincu on est rattaché à l'écriture au mieux cela dit sans attachement il n'y a point de rendement » (Le rendement de l'écriture est fonction de l'attachement de l'écrivain au principe culturel dont-il est auteur). « L'écriture est généralement une passion exécutée derrière la condition de l'écrivain la coloration de l'écriture est fonction de la réflexion de l'écrivain le plus souvent » (La qualité de l'écriture a trait avec l'orientation réflexive de l'auteur le plus souvent). « En bien ou en mal l'auteur est acteur de son ouvrage ; à défaut de bien écrire on ne peut que mal le faire : écrire d'accord, réfléchir d'abord » (La réflexion judicieuse doit précéder l'écriture réussie). « Il n'y a pas de mauvais temps pour écrire pourvu qu'on sache quoi écrire dans la logique où tant dans la difficulté que dans la facilité on est inspiré dans la vie ; le mieux pour l'écrivain est de parvenir à canaliser son inspiration à la rencontre de situations évolutives de la vie positivement ou négativement ainsi il ne lui reste plus qu'à écrire autrement dit partout où nous vient l'inspiration positive est un moment propice à l'écriture nous écrivains soucieux de la quête de l'excellence intellectuelle pour tous » (La réussite de l'écriture revient de l'engagement certain de ce dernier en vue de s'épanouir). « Entre l'écriture et l'écrivain il ne peut ne pas avoir de lien ; le rattachement est bien réel entre l'artiste et l'art » (L'écrivain s'attache à l'écriture). « Bien éclairé l'écrivain modèle s'attache à l'écriture et non ne se fait attacher par l'écriture car à défaut de profiter de son écriture nous en subissons les conséquences désastreuses ce qui déduit le fait qu'il vaut mieux ne pas écrire que d'écrire sans raison » (La raison est le sens basique à l'absence duquel nous ne réussissons pas notre écriture). « A défaut d'être devin l'écrit doit-être malin pour un écrit certain » (L'écrit certain recommande la certitude agréée de la part de l'écrivain dans sa perception de la réalité). « L'écrivain se souvient car l'imagination est cruciale dans l'écriture le rôle de l'imagination puis du souvenir se conjuguent pour renforcer parfaitement le cadre de l'écriture » (L'écrivain réussit son écriture n'oubliant pas la nécessité de la réflexion pour son épanouissement à soi). « Le défaut de l'écriture est justement celui de l'écrivain » (L'écrivain et l'écriture sont liés certainement). « Même écrivain on est lecteur » (La lecture a un rôle certain dans le renforcement de l'analyse de l'écrivain). « Si l'écriture est un art la lecture elle aussi, de l'écriture à la lecture la perspicacité est bien recherchée pour faire la part des choses » (L'assise de la sagacité nous permet de dissocier l'écriture certaine de la lecture de même). « Finalement tout à la fois c'est rien comme choix dans la théorie tout comme dans la pratique nous ne saurons tout faire à la fois ; qu'il soit passionné de l'écriture nous le comprenons parfaitement parlant de l'écrivain car c'est le choix d'une vie émanant de la foi d'un individu » (Le choix de l'écrivain d'avoir la foi à l'écriture est certain pour couronner son rayonnement culturel partant de son identification sociale). « L'écrivain modèle se bat pour aller dans les confins de la connaissance interdisplinaire comme tout bon rêveur il s'assume en vue de parfaire davantage la maitrise de l'humain sur la sphère de la connaissance » (L'écrivain modèle rêve audacieusement et consciencieusement en vue de réaliser ses objectifs).

Printed by Books on Demand GmbH, Norderstedt / Germany